JN107657

成約率99.9%の営業法

「採用せざるを得ない提案書」はこうつくれ！

ジャパンセールスマネジメント（株）代表取締役
中村昌雄
Masao Nakamura

大和出版

はじめに

誰もが、確実に売れるようになる営業法がある――

この本を手にとってくださり、ありがとうございます。

まず、あなたに質問です。

あなたは、「営業とは売れないものだ」、あるいは「商談とは運だ」と思っていませんか？

この本を手にしているということは、もしかしたらそうなのかもしれませんね。

じつは、私も最初はそうでした。

新人のころは本当に売れず、

「いつまでこんなことをしていなければならないんだろう」

と毎日のように思っていたものです。

しかし、そんな私が入社4年目に、競合からの切り替えで大きな新規採用を獲得したことをきっかけに、事態は大きく変わっていったのです。

「もしかしたら、自分も『売れる営業』になれるかもしれない」

ほんの少しですが自信がついた私は、それから自分の営業スタイルを模索していきました。

するとどうでしょう。

この本でお伝えする**〝確実に売れる営業法〞**が見えてくるにつれ、売上げが右肩上がりに。

「自分でもできるんだ」

と強く確信した私は、さらにその後も新規採用の実績を積み上げていくことができたのです。

だから私は、声を大にして言いたいと思います。

「誰でも確実に売れるようになるやり方がある」と。

そう、あなたも、私がこれからお伝えする営業法を実践すれば、この本のタイトルにある「成約率99・9％」を実現できるのです。

ここで、あらためて私のことを紹介させてください。

私は１９９０年にオムロン株式会社に入社しました。

オムロンと聞くと、体温計や血圧計を思い浮かべる人が多いかもしれませんが、じつは製造業向けの事業で売上げの60％を占めています。

私はその製造業向けのＦＡ（ファクトリーオートメーション）という分野の法人営業の部門に配属されました。

正直なところ、私自身は理系出身ですし、営業を希望して入社したわけではありません。

そんな私が地方の営業所に配属されて、今まで営業担当者がついていなかった新規のお客様を担当。

それから３年間——。

私は全然売れない営業マンでした。

しかし、冒頭にも書いたように、入社４年目に年間２億円の競合切替の新規採用を獲得することに成功。

その勢いで30代前半に、年間２億円の新規採用、年間１億円の新規採用など、大型採用を連発させて、一躍名前を売りました。

なぜ、そんなことができたのか？

「それは、本当はあなたに営業センスがあったからでしょ？」

あなたは、そう思われたかもしれませんが、違います。

私がお伝えする方法は、どんな人にも成果が出るものです。

なぜなら、私の方法を実践した部下たちも、同じようにすばらしい実績を上げ続けてきたからです。

私がマネジャーになってからは、名古屋や東京の営業部長を歴任し、また子会社にも出向して事業を立て直すなど、累計３００名の部下を指導して新規獲得の成果を出し続けてきました。

その原動力となったのは、まぎれもなく私の部下たちです。

そう、このことからもわかるように、本当に誰でも成果を出すことができる営業法なのです。

本書では、私の営業人生31年の経験からつかんだノウハウをすべて公開しました。

具体的な流れは、次のようになっています。

まず第1章では、営業マンに不可欠なマインドについて書いています。

第2章では、お客様との関係の築き方、第3章では、ヒアリングで「お客様の潜在課題」を浮き彫りにする方法について解説。

そして第4章では、私の営業法の最大の特徴である**「採用せざるを得ない提案書」**のつくり方を見ていきます。

さらに第5章では、意思決定への障害を取り除いて成約につなげる方法、最後の第6章では、受注してからの重要点についてお話しします。

この順番に沿って営業活動を行っていけば、きっと確実に新規採用を獲得することができるようになるでしょう。


ところで——。

じつはこの本、売れなかったころの私自身に向けて書いたものです。

あの当時に、これからお話しすることを知っていたとしたら、どんなに営業が楽しくなったことか。

そして、売れるようになったことか。

その意味でも、あなたにはぜひ本書を読んでいただき、私がたくさんの経験をしてきたからこそ獲得することができたノウハウを手に入れてほしいのです。

私は、働き盛りの営業マンの味方です。

実際に、多くの働き盛りの営業マンの応援がしたくて、55歳で早期退職して、起業しました。

以来、営業マンが成果を出すための支援、そして会社の業績を支える営業チームづくりの支援をしています。

繰り返しになりますが、本書は私の31年にわたる営業人生のまさに集大成と呼べるものです。

その効果は、私はもちろん、部下たちの実績でも証明ずみです。

大いに期待して本文へとお進みください。

中村昌雄

成約率99・9％の営業法

■CONTENTS■

第1章

トップ営業マンになるために必要な9つのマインド

第2章

お客様の懐に入り込んで信頼関係のベースを築く

第3章

ヒアリングでお客様の「潜在課題」を浮き彫りにする

第4章

ヒアリングした内容をもとに「採用せざるを得ない提案書」をつくる

第5章

お客様の意思決定への障害を取り除いて成約につなげる

第6章 しっかりとしたアフターフォローでお客様との関係を盤石にする

本文デザイン　村﨑和寿

第1章

トップ営業マンになるために必要な9つのマインド

単に営業の方法やスキルを学んでも、それだけでは成果が上がりません。

なぜなら、営業という仕事に対する理解、お客様に対する心がまえやそれを実践する意欲がなければ、実際に成果を上げるための活動に結びつかないからです。

そこでこの章では、「売れる営業」になるために必要なマインドを見ていきます。

第2章以降では、営業の体系化したメソッドを解説していきますが、それを最大限に活かすためにも、まずは営業としてしっかりとしたマインドをもっていることが大切です。

すべてのおおもととなる部分です。ぜひ、しっかりとお読みいただければと思います。

1

営業とはお客様に最高に喜んでもらうための活動

回あなたは、こんな勘違いをしていませんか?

まず、あなたに質問です。

営業という仕事の目的は何でしょう?

「お客様に商品を買ってもらうことこそが営業の目的である」

あなたは、このように思ったかもしれませんね。

そして、そうであるからこそ「買ってください」「買ってください」という気持ちで営業活動をしているのかもしれません。

しかし、その一方で、お客様の目的は、商品を買うことではありません。

お客様は、すばらしい未来を手に入れたいのです。

商品を買うのは、そのための手段。

やりたかったことができる、これで問題が解決する。

そのために商品を購入します。

では、そうだとすると、営業の仕事とは何をすることでしょうか？

「こんなにいい商品を発売しました」と特徴を示し、「こんなことができますよ」とメリットを訴え、「買ってください」と言うことでしょうか？

残念ながら、これでは買っていただけません。

とはいえ、私自身、新入社員で営業に配属されたときは、そのように考えて営業活動をしていました。

担当する商品を一生懸命勉強して、お客様を訪問。

知っているのは自社の商品のことだけ。お客様のことは全然知りません。

そして、話すのは自社の商品のことだけです。

自社の商品のすばらしさをお客様に伝えることが営業だと思っていました。

しかし、どんなに一生懸命に説明しても、全然売れませんでした。

「ありがとう」「カタログを置いておいて」で終わりです。

だから当時の私は、営業というのは、売れないものだと思っていました。

今ならわかります。

営業マンが心得なければいけないこと、そして話さなければいけないことは、自社の商品のことではなく、お客様のことだということを。

商品は最後でいいのです。

あくまでもお客様の目的を実現する手段にすぎないのですから。

大切なのは、お客様がどんなすばらしい未来を手に入れたいのか、ということについてお客様と話して共感することです。

そのうえで、お客様がすばらしい未来を実現するための手段として、商品やサービスを提案するのです。

そうすればお客様は目的を達成するために商品を購入しますし、営業としての目的も果たせます。

大切なことなので繰り返しますが、営業の仕事とは、商品のよさを伝えて売り込むことではありません。

お客様に最高に喜んでいただけることを、お客様以上に考えて、その実現方法を提供することこそが営業の仕事なのです。

2 法人のお客様は会社にとって重要なことにしかお金を使わない

個人のお客様と法人のお客様の購買動機はこんなに違う

さて、ここで個人営業のお客様と法人営業のお客様の違いについて考えてみたいと思います。

まず、個人営業の場合には、お客様はほしいモノを買うために「自分のお金」を使います。そして、その背景には「かわいい！」「かっこいい！」「ほしい！」といった感情があります。

これを**「ファンベースの購入」**と言います。

一方で法人営業の場合は、お客様は会社を経営するうえで役に立つことだけにお金を使います。

なぜならば、会社を経営するうえでやらなければいけないことは本当にたくさんある一方で、使えるお金はかぎられているからです。

これを**「解決ベースの購入」**と言います。

したがって、法人のお客様の場合には、よほど重要なことでないと買っていただけないと心得てください。

逆に言うと、**「お客様にとって、ものすごく重要なことです」**と位置づけて提案することで、採用していただくことができます。

お客様に、**「それは放置できない重要な問題だ」**と認めてもらうことができれば、その解決策としてあなたの商品・サービスを買っていただけるということですね。

回価格勝負に陥らないために大切なこと

では、お客様の会社の経営にとって重要なこと、つまり経営者にとって大切なこととは何でしょう?

会社のお金というのは、基本的には経営者しか使えないものです。

運営上、不都合なので、一定金額を決めて、管理職や現場に権限委譲されていますが、その場合でもお金を使う基準は**「会社のためになるのかどうか」「経営にとって重要かどうか」**ということです。

現場の担当者に一生懸命売り込んだのに、「課長に言ったけどダメでした」と言われて買ってもらえないこともあります。

その場合、課長が経営的な判断をしたということですね。

法人営業の場合、提案する内容が経営的にどれほど重要なものなのかを訴えなければ、単に商品やサービスの機能の問題となって、競合と比較されることになります。

そして、そのときはたいていの場合、それほど差がつかないので価格勝負になっていくのです。

お客様は経営上、何を重要視しているのかを見定めて提案し、その提案が「見過ごすことができない取り組みである」ことを認識してもらう——。

これが法人営業で新規に採用していただくための、大きな力になります。

3 競合の商品をたくさん使っているお客様をターゲットにする

回宝の山は意外なところにある

たとえば、自社の商品を1000万円購入していただいていて、他社を購入していないお得意様A社と、競合の商品を1000万円購入されていて、自社を購入していただいていないお客様B社があるとします。

A社はお得意様なので、訪問するといつも歓迎してくれます。

一方、B社はお客様からの用事がないので、訪問しても歓迎はしてもらえません。

あなたは、こんなとき、新たに1000万円の売上げを上げるためには、A社に行きますか？

それともB社に行きますか？

ついつい、A社に行きがちになるのではないでしょうか？

けれども、正解はB社です。

理由の1つは、**「残ポテンシャル」**という観点です。

これは、自社の商品をあといくら買っていただける余力があるだろうかという判断です。自社の商品をたくさん採用していただいているお客様か、そうでないかという判断ではありません。

むしろ、競合の商品をたくさん使っているお客様こそ、この残ポテンシャルが大きいのです。

この場合、「A社には日頃から懇意にしてもらっているし、1000万円も買ってくれているのだから、あと100万円なら買ってもらえるのではないか」と考えるのかもしれません。

しかし、今採用していただいている1000万円が必要な購入量であり、それ以上の購入は必要ないとすれば、追加で100万円は購入してもらえません。

一方、B社はどうかといえば、競合に発注している1000万円のうち、100万円をこちらに注文していただければいいだけです。

つまり、B社のほうが可能性が高いということなのです。

競合をたくさん使っているお客様のところに行くもう1つの理由は、**商談金額が大**

きいほど、競合から切り替えてもらうチャンスが大きくなる、ということです。

お客様は、今使っているモノから、違うモノに採用を切り替えるときに手間が発生します。仕事の手順が変わったり、新たなことを覚えなければいけなかったりするなど、関係する多くの人たちに変更をお願いしなければならなくなるわけですね。

これを**「スイッチングコスト」**と言いますが、この切り替える際の手間は、商談金額が大きくても小さくても、お客様にとって同じだけかかるものです。

たとえば小さな商談なら、採用する効果が小さいのに手間のほうが大きくなるため、なかなか切り替えてもらえません。

一方、商談金額が大きくなればなるほど、採用する効果が大きくなるため、スイッチングコストを超えていくことになります。

つまり、商談規模が大きいほうが、切り替えることによるお客様のメリットが大きくなるので、採用していただきやすくなるということなのです。

実際、私は競合の商品を何億円も採用していて、自社の商品をほとんど採用していただいていないお客様のところばかりに行って、何千万円、何億円という新規採用を獲得してきました。

私が人並み以上の実績を上げ続けることができたのは、ひとえに競合の商品をたくさん使っているお客様に力を入れ続けてきたからなのです。

では、なぜ競合の商品を使っているお客様のところに行こうとする営業マンがほとんどいないのでしょうか？

理由は、**「競合のお得意様だから、わが社の話など聞いてくれないのではないか？」**という思い込みがあるからです。

しかし、お客様は競合の商品を使っていても、不満をもちながら使い続けている場合があります。あるいは、競合しか売り込みに来ないから、しかたなく使い続けているという場合もあります。

このようなお客様の場合、実際に訪ねてみると歓迎していただけることが多々あります。

そう、競合の商品を採用しているお客様にこそ、積極的に会いに行くべきなのです。

あなたも、ぜひ競合をたくさん使っているお客様をターゲットにしてください。

4

「自分がやらなければ誰がやる」という気概をもつ

回 おみこしを担ぐ人になれ

冒頭の見出しを見て、あなたは「何だ、精神論か」と思われたかもしれません。

しかし、これは私の長年の経験から自信をもって言えることですが、この**「自分こそが成果を出すぞ」**という気持ちは本当に大切です。

この責任感と、仕事への誇りが営業としての自分を奮い立たせて、実際に成果を出す原動力になるのです。

たとえば私の場合は、お客様に「こんにちは。オムロン株式会社の中村と申します」と言った瞬間に、心はオムロンの代表者。

そして、

「私が人一倍成果を出してオムロンを支える」

「お客様には絶対に自分が役に立って喜んでもらう」
「採用してもらうのは競合ではなく自分だ」

という思いで、競合を使っているお客様のところに通っていました。

振り返ると、その一念こそが、今まで多くの切替商談に私を向かわせ、成果にしてくれたのだと思います。

営業はビジネスの根幹であり、非常に重要な仕事です。
営業が存在しなければ、会社の経営は成り立ちません。
営業によって売上げが生まれ、その結果、社員の給料が支払われ、社員やその家族の生活が維持されるのです。
営業があることで、お客様に価値を提供し、世の中を幸せにすることができます。
営業は正義なのです。

自分がやらなければ誰がやるんだ——。

この思いで取り組めば、必ず結果に結びつきます。

実際、この思いがお客様のためになり、売上げにつながります。

そして、あなたのためにもなるのです。

「343（刺身）の法則」というものがあります。

たいていの組織は、おみこしを担ぐ人が3割、担いでいるふりをしている人が4割、ぶら下がっている人が3割という構成になってしまうという法則です。

あなたは、どんな役割を果たしていますか？

この本を読んでいるということは、少なくともぶら下がっている人ではないですよね。

あなたには、おみこしを担ぐ3割の人として、会社のためにもお客様のためにも役立つ人になってほしいと思います。

5 「このお客様」と決めたら退路を断つ

回成功のキーワードは「選択と集中」

集中からでしか成果は生まれない——。


これは、私の長年の営業経験から導き出された1つの結論です。

嘘かと思うかもしれませんが、本当に集中からでしか成果は出ないのです。

たとえば砂漠にいたとして、いくら日差しが強くても、それだけで発火することはありませんが、虫眼鏡で光を1点に集めることによって、すぐに発火します。

それと同様に、結果をコントロールするには、この集中を利用するしかありません。

言い換えるなら、**「選択と集中」**によって成果を出すのです。


たとえば、営業マンが50社を担当していたとします。

その際、50社すべてに毎月同じようにアプローチするのか？

それとも10社に絞って全力でアプローチするのか？

もちろん、成果が出るのは後者ですね。

回「やらないこと」を決める

私が若手だったころの話です。

当時の上司からの「全部のお客様にしっかり対応しなさい」という指示に従わずに、私は自分が「これだ！」と思ったお客様ばかりに集中して訪問していました。

上司からすると困った部下だったかもしれませんが、結果として、年間2億円の商談が決まりました。

以来、私はこの「選択と集中」によって成果を上げ続けてきたわけですが、自らの成功体験から、マネジャーになってからも、メンバーの活動を絞り込むようにしました。


「これを徹底的にやりなさい」「これはしなくていいです」と明確に指示したのです。

メンバーも、「それさえすればいいのだ」と、仕事がしやすくなったようです。

「徹底的にしなさい」と指示したことにより、すばらしい成果を出しました。

ここで、とても大切なことをお話ししておきたいと思います。

それは、「集中するとは、やらないことを決めること」ということです。

やることを決めたら、やらないことを決めなければいけません。

やらないことを決めて、行動を集中させることが成果を出すための最大の秘訣なのです。

半年、1年はすぐに過ぎ去ります。

漫然と頑張っているだけでは、何も起こらずに時間ばかりが過ぎ去ります。

やらないことを決めて、やると決めたことに集中してください。

そうすれば、成果が出ないはずがありません。

集中することは、成果を出すうえでとても重要な戦略です。

さて、あなたは、何に集中しますか?

6

とっつきにくい人こそ大切にする

〝いいお客様〟とはどんな人？

お客様にはいろいろなタイプの人がいます。

そこで私があなたに提案したいのは、**ちょっと変わったお客様、とっつきにくいお客様こそ大切にする**、ということです。

「えっ？　ちょっと変わったお客様だって？　営業にとって〝いいお客様〟とは、いつもアポがとれ、歓迎して面談してくれる人じゃないの？　あるいは情報を教えてくれるうえに、見込み客もどんどん紹介してくれる人とか……」

たしかに、その気持ちはよくわかります。

でも、私の場合、こうしたお客様のところにはいつまで通っていても、商談にはならないことがほとんどでした。

逆に、アポをとると「何の用事か」とばかりにこちらの出方を試してくるお客様。

「こういうことはできないか」と難題を吹っかけてきて、こちらから提案すると「それは本当か」と疑って、証明を求めてくるお客様。

こうしたお客様に関しては、対応に大変苦慮するものですが、じつは商談が進むのはこの方たち。

そう、営業として会いに行くべきなのは、このちょっととっつきにくいお客様なのです。

ちなみに私が入社4年目で年間2億円の新規商談を獲得したときのキーマンも、とてもとっつきにくい技術系の係長さんでした。

年齢は50歳くらいで、何しろ怖い方。

いつもムッとしていて、目が合うと睨まれて、怒鳴られそうな感じがします。鬼軍曹そのもので、社員の方も怖がっていました。

とにかく人が近づかないのです。競合の営業マンも、避けて近づきませんでした。

しかし、人に対しての好奇心が強い私は、この鬼軍曹にそろそろと近づき、そのうちに懐に入ってしまいました。最初は怖かったのですが、食らいついて何回もアプローチするうちに、かわいがっていただけるようになったのです。

そして、いつしかこの係長さんと私だけでどんどん商談を進めることになり、年間2億円の新規商談を獲得しました。

この例だけでなく、私の経験では今まで新規採用された商談のほとんどが、ちょっと変わったとっつきにくい方がキーマンでした。

そこで、とっつきにくい人には、どんな特性があるのかを考えてみることにしましょう。

コミュニケーション理論の1つに、1920年代にアメリカのウィリアム・M・マーストン博士が提唱した**「DISC理論」**というものがあります。

ここでは行動スタイルをタイプ分けする軸に、**「仕事重視」**と**「対人志向」**が対局にあります。

ちょっと変わった人というのは、この仕事重視の人なのです。

対人志向は弱いのですが、人づき合いに気をつかっていないというだけで、決して悪い人ではありません。懐に入り込めば、強力な味方になってくれます。

お客さまで、ちょっと変わったとっつきにくい人は仕事を動かすキーマンである可能性が高いので、大切にして積極的に懐に入りにいきましょう。

7 使えるものはすべて使って総力戦を仕掛ける

そこに遠慮はいらない

少し自慢めいてしまいますが、私は若手営業マンのときから金額にして何億円という新規採用を連発し、社内で名前を売っていました。

なぜできたかというと、**使えるリソースを最大限に使いまくって総力戦を仕掛けていた**からです。

まず、社内のリソースはできうるかぎりお客様に投入しましょう。

製造業向けの営業の場合は、設計部門や開発部門だったり、技術支援部門やサービス部門だったりします。

自分1人でお客様に対応するのではなく、自社の多くの部門を絡めていくことで、お客様との関係はより強固になります。

さらに、そんなふうに社内のリソースをどんどん投入していくことで、営業の本気度がお客様に伝わります。

それは、お客様からの信頼を厚くすることにつながるでしょう。

また、リソースを使うということでは、**上司に支援してもらう**ことも大切です。

入社7年目のとき、私は上司の上司の上司である、役員手前の支店長に支援してもらい、年間2億円の新規商談と、別のお客様でも年間1億円の新規商談を獲得しました。

大きな商談では、決裁がお客様の会社の経営者になることがあります。

けれども、営業担当として1人で動いていても、なかなか経営者に会えるものではありません。

そう、そんなときに上司に動いてもらうのです。

そのときの支店長には、名古屋から三重県のお客様のところによく来てもらいましたし、ゴルフや飲食の接待もしてもらいました。

急遽《きゅうきょ》、一緒に台湾に飛んでもらったこともあるほどです。

当時、名古屋支店には100人以上の営業マンがいたと思いますが、忙しい支店長を私1人が引きずりまわすように商談を手伝ってもらった記憶があります。

ここであなたは、「そんなふうに、社内のリソースを独り占めして使っていいの?」と思われたかもしれません。

私自身、そういう気持ちはありました。

しかし当時の上司から、

「かまわない。むしろリソースを使うことが営業の仕事だ」

と後押しされ、それからは、使えるリソースは最大限使うようにしてきました。

法人営業で新規に採用してもらうには、自分1人で頑張るのではなく、リソースを最大限投入することが大切です。

そして、それが営業の仕事でもあります。

私が担当として成果を出せたのも、マネジャーとして部下に成果を出させることができたのも、リソースを投入して総力戦を仕掛けてきたからこそ。

あなたも、ぜひもてるリソースを大いに活用してください。

8 意思決定の関係者に徹底的に仕掛ける

どんでん返しはこうして起こる

決裁者に売り込んだけれども採用されない。

キーパーソンから採用の内示をもらっていたが急にキャンセルになった。

誰のOKをとったら採用されるかわからない。

あなたにも、こんな経験がありませんか？

その原因はズバリ、意思決定の関係者を押さえきっていないからです。

そして、これこそが法人営業で一番重要なポイントになります。

もちろん、なかには決裁者しか決めることができない商談というものもあるでしょう。

しかし、一般的に法人営業は、誰か1人のOKで決まるものではありません。

たいていの場合、あなたのいない会議室で、「意思決定の関係者」による合議制で決まっていきます。

意思決定の関係者とは、決裁者のほかに、決裁者に意見を言う評価者（役員や部長、課長）、協力者（担当者）、使用者、他部門や他社の関係者、購買部門の方たちです。

つまり、この方たちのＹＥＳをとるとともに、ＮＯを消していかなければいけないのです。

ここを甘く見ると、「商談はいい線までいったけれども、最終的に採用にならなかった」ということになります。

とくに法人営業は、採用金額が大きいことに加え、いったん採用されると長く採用し続けられるという前提があります。

また、導入に失敗したときのダメージが大きいため、お客様は新規の採用には非常に慎重です。

したがって、思わぬところからＮＯが出たら、そちら側に引っ張られてしまいがちなのです。

裏を返せば、協力者、評価者、決裁者などのＹＥＳをとっていくとともに、誰からもＮＯが出ないように意思決定の関係者に徹底的に仕掛けることが大切だということ。

ですから、決して「キーマン１人を押さえたら採用が決まる」などとは考えないでください。

複数人で構成される意思決定の関係者を、完全に押さえるという決意をもって商談に臨む――。

この姿勢が何よりも大切。

そして、これができるかどうかで、受注できるかどうかが決定するのです。

9 お客様が断れなくなるくらいに熱意をもって尽くす

◻「売れる営業」は覚悟が違う

お客様は営業の熱意を断れない——。

これも、営業活動を行っていくうえでの1つの真実です。

お客様は、すばらしい未来を手に入れたい。

けれども、大きな金額を投入することに加え、簡単に後戻りはできないので失敗はしたくない。

新規に採用していただくお客様の場合、その心の奥底にはこのような心理があります。

したがって、このときに一番大切になるのは、**発注先（営業）をどれだけ信頼できるか**ということです。

そうである以上、営業マンもお客様に新規採用をしていただこうとするなら、いいことばかりを言うのではなく、お客様のリスクを自社で引き受けるという覚悟が必要です。

そして、この覚悟が「すべてを引き受けるので発注をしてください」という熱意となり、お客様からの信頼を引き出すことにもつながるのです。

オムロンの創始者である立石一真さんの言葉に、

「最もよく人を幸せにする人が、最もよく幸せになる」

というものがあります。

これは、とても重要なことを示唆していると思います。

お客様の役に立ちたいという一心、その覚悟が熱心さを支えます。

これが営業のやりがいであり、お客様に選んでいただく極意だと私は思うのです。

第2章

お客様の懐に入り込んで信頼関係のベースを築く

第1章では、営業にとって一番大切なマインドについて書きました。

いくら営業のやり方や技術を学んでも、マインドがなければ、成果に結びつかないからです。

ここからは、実際に営業を進めるうえで行うことについてステップを踏んで説明していきます。

まずは、お客様との関係をどのように築いていくかについて見ていくことにしましょう。

1

まずはお客様のなかに「協力者」をつくる

□この存在があるかないかで結果は大きく変わる

新規での売上げを獲得したい――。

その場合に、まず一番大切なことは、**お客様のなかに「協力者」をつくる**ことです。

かくいう私自身、成果を出した商談を振り返ると、必ず協力者がいました。

話好きな係長さん。なかなかクセの強い人ではあったけれど、言うことを聞いて一生懸命動いていたら、どんな商品の採用の場面でも、最大の味方になっていただけました。

よくしゃべってくれるけど、きついことをおっしゃる主任さん。この方と共同戦線を張ることで、強固な保守派の事業部長に心変わりしてもらい、次期機種で採用していただくことができました。年間2億円。

ほかにも口数が少ない係長さん、志の高い若手技術者さん、私に共感してくれた主任さん、最初は相手にしてくれなかったけれど最後は私を引き入れてくれた係長さん、なぜかメガネがいつも曇っている技術者さん……。

数えたら、本当にキリがないほどの人に支えられてきました。

この方たちは決裁者ではありません。けれども、この方たちに協力していただいたからこそ、新規で採用していただくことができたのです。

ある意味では、決裁者より協力者の方々に対する感謝の気持ちのほうが大きいと言っても過言ではありません。

◘どんな人が協力者として心強いのか?

ここで、協力者とはどんな人なのかをあらためて定義しておきたいと思います。

私が考える協力者とは、**「自分の会社をよくするためにも、営業であるあなたと一緒に力を合わせてやっていきたい」**と言ってくださる方のことです。

言い換えるなら、あなたの会社が提案する商品を導入するために最後まで一緒に動いてくれる人のことです。

ちなみに私の協力者になってくれた人の共通項をあげるとするなら、**「仕事に忠実で、会社をよくしていこうという気持ちが強い人」**だということです。

自分の損得ばかりを計算している人ではありません。

熱意をもって道を切り開こうとしている人です。

単に人当たりがいい人ではなく、変革していくことを重要視する人にこそ協力者になってもらいましょう。

次に、立場的な観点からは、どんな人に協力者になってもらうのがいいのかについて見ていくことにします。

お客様との関係では、担当者の方が窓口になることが多いと思います。

したがって、**まずは担当者の方を協力者にできるよう動く**のが基本です。

場合によっては、課長や部長が窓口になることもあります。

ありがたいことですが、有頂天になってその課長や部長のところに入り浸って、すべてを依存してしまうことは危険でもあります。

なぜなら、課長や部長は、導入するかどうかを判断する立場の方でもあるからです。**「評価者」**の一面があるということですね。

ＹＥＳとなればいいのですが、ＮＯとなったときにリカバリーができません。

そのためにも、この方たちの部下である担当者の方を大切にして、協力者になってもらっておく必要があるのです。

さらには、できるなら担当者のなかでも、**リーダークラスの方が一番心強いですし、一番協力者になってもらいやすい**というのが私の実感です。

そもそも仕事に対する姿勢が前向きで、推進力も強いためにリーダーをされている方だからです。

お客様の会社の規模にもよりますが、協力者を選ぶ際には、ここでお伝えしたことを参考にするといいでしょう。

2 お客様に協力者になってもらうための必須条件

■重要なポイントは3つある

お客様に協力者になってもらう――。

そのためには、「この営業マンは面白そうだな。一緒に何かをやれそうだな」と、お客様から期待をしてもらう必要があります。

そのために重要になるのは、以下の3点です。

- 積極的かつ熱心な態度でお客様と接する
- お客様のニーズや要望に真剣に耳を傾け共感する
- 「自社の商品やサービスでお客様に貢献する」という情熱をもつ

口数が多くなければいけないとか、いつも元気でなければいけないということではありません。自己主張が強くなければいけないということでもありません。

あなたは無口でも不器用でもいいのです。

無口でも営業成績のいい人はたくさんいます。

むしろ、必要なことしか言わない営業マンが信頼を勝ち取ります。

ちなみに私はスマートな人間ではありませんし、不器用だとわかって開き直っていました。

ですから、過度に愛想をよくしたり、変にお客様の顔色をうかがったりということもしませんでした。

ただし、**「このお客様の役に立ちたい」**と思ったら、前述の3点を徹底的に実践するという気持ちで食らいついていきました。

私がたくさんの方に協力していただけたのは、まさにそのおかげだったと思っています。

回協力者とどう動くか？

さて、お客様が無事に協力者になってくれたとします。

この協力者とは常に情報を共有し、お互いにするべきことをし、一緒に作戦を立てて動くことが基本になります。

ただし、いくら協力するとはいっても、そのつき合いは仕事を通じての真剣勝負です。

ときには厳しい条件を示されることもありますが、**「お客様の会社をよくしていきたい」**という目的は同じ。

商品の採用までにはいろいろ大変なことがあるでしょうが、常にこの目的を意識していれば、自ずと結果はついてくるはずです。

また、自分が協力してもらうだけではなく、**あなたがその方の協力者になる**ということも大切です。

「自分の働きでお客様の会社をよくしていこう」という姿勢で臨みましょう。

その気持ちが伝われば、必ず協力者との信頼関係は強固なものになるはずです。

3 すべてはお客様を好きになることから始まる

この姿勢があなたの売上げを飛躍的に伸ばす

まず、あなたに質問です。

「売れる営業」になるためには、商品ファーストとお客様ファーストのどちらの姿勢でいるべきでしょうか？

答えはもちろん、お客様ファーストです。

営業の目的は、お客様を幸せにすることだからです。

面白いもので、このようにお客様ファーストのスタンスで接していると、自然とお客様のことが好きになっていきます。その気持ちや姿勢は必ずお客様に伝わりますし、提案していく内容もどんどんブラッシュアップされたものになります。

逆に、営業マンがお客様のことを好きではない場合は、まず買ってもらえません。

お客様のことに興味がなく、ただ自社の商品の買い手としてしか見ていなければ、それがお客様に伝わるからです。

自分に興味をもってくれない営業マンに対して、お客様は決して信頼を寄せることなどないのです。

◘お客様を好きになるための3大ポイント

お客様を好きになることがいかに大切かということについてはご理解いただけたと思います。

ここで、そうなるためのポイントを見ていくことにしましょう。

①営業としての責任感をもつ

「このお客様の役に立つことで、私は成果を出す。売上げを上げるんだ」

私は、お客様に会う際には、いつもこう考えるようにしていました。

すると、なぜか目の前のお客様が愛おしく感じられるようになるのです。

あなたも、営業として成果を出したいと熱望したときに、目の前のお客様を好きになったことがありませんか？

そのためにも、自らの仕事に高い責任感やプライドをもつことは本当に大切です。

②ときにはお客様とのつき合いに力を抜く

先に書いた「営業としての責任感」とは相反するようですが、ときには力を抜いてお客様と接しましょう。

たとえば、信頼関係を構築していくプロセスでは、仕事に関係する話題ばかりでなく、全然関係のない話題でおつき合いをしていくことも大いにありです。場合によっては、好きなお客様とは面談時間のほとんどを仕事以外の話をしていてもいいのです。

1時間も仕事以外の話ができる関係って、とても強固なものですよね。

「仕事以外の話ばかりをしていて本当にいいの？」

と思われたかもしれませんが、大丈夫。

信頼関係ができてさえいれば、必ず仕事の話を真剣に進めるときがきます。

だから、ときには力を抜いて、一見、非効率と思われるようなつき合いの時間をつくってみてください。

③自分のことを好きになる

私は新入社員のころは本当に自分に自信をもてずにいました。

営業もうまくいかず、どうせ売れないものだと思って営業活動をしていました。

営業としての自分に自信がなくて、お客様を好きになる余裕がありませんでした。

しかし、それでもお客様のために一生懸命尽くしているうちに、私のことを信頼してくれるお客様が出てくるようになりました。

少しずつでも成果が出てくると、「自分も役立っている」という感覚が出てきます。

徐々に自信が生まれるのと同時に、自分のことも好きになっていきました。

すると、いつしかお客様ならどんな人でも好きになることができるようになっていたのです。

そもそも自分のことが好きならば、相手から自分がどう見られるかは気にならなくなるもの。

そうなると、どんな人でも受け入れることができ、自分の気持ち1つで相手を好きになることができます。

それが、営業の成果に結びつくことは言うまでもありません。

4 お客様との信頼関係を深める方法

お客様の「理解者」になる

この項では、お客様との信頼関係を深める方法を見ていくことにします。

人は、自分のことを理解してくれている、わかってくれている人を信用します。

その意味で、お客様との信頼関係を深めるうえで一番大切なことは、**お客様のよき理解者になる**ことだと私は考えています。

「コミュニケーションとは、理解されることではなく、理解することである」という言葉がありますが、人はついつい、自分を理解してもらいたくて、自分のことを話したくなるもの。

そして、コミュニケーションとは、自分を理解してもらうことだと思いがちです。

「こんな私だとわかってください」「私の商品を理解してください」と。

しかし、これはお客様も一緒です。

「私のことこそ理解してください」「私の仕事や悩みについて理解してください」と思っています。

ここまで言えば、おわかりいただけますよね。

あなたがするべきことは、自分のことを理解してもらうことではなく、お客様を理解することなのです。

つまり、営業としては、「商品をお客様に理解してもらうこと」ではなく、「お客様の状況を理解すること」が仕事になります。

実際、正確にお客様のことを理解できていれば、お客様がほしがっている最適な解決提案をすることができます。お客様が意思決定するために最適な人やステップを踏んだ営業活動を行うことができます。

一方、お客様への理解が浅ければ、お客様が本当に必要とされている提案をすることはできません。また、ニーズとは無関係な提案をすることになるかもしれません。

どこまでお客様のことを理解できているか――。

これが営業の成果に大きく影響するのです。

回お客様と頻繁に会う

成果を出す営業マンは、頻繁にお客様と接触しようとします。

ですから、あなたも「この人」と決めたら、頻繁に会うようにしましょう。

とくに知り合って間もないころは、何回も連絡を入れて接触することをお勧めします。

たとえば、飲み屋さんで常連になるときは、最初にまとめて行きませんか？「今日も来たの？」「また来たの？」というくらいに頻繁に顔を出すと常連になります。一度常連になれば、次は間隔があいても、常連の顔をしてそのお店に行けます。

それと同じように、「この人に協力者になってもらいたい」と思ったら、とにかく頻繁に顔を出すことが大切です。

これは**「ザイオンス効果（単純接触効果）」**と呼ばれるもので、何時間一緒にいたのかという時間より、何回接触したかの回数のほうが、信頼関係を増すためには有効だということが証明されています。

最初が肝心です。

出会って間もないころは、とにかく次のアポを入れるようにしましょう。宿題をもらうなり、報告の約束をするなどして頻繁に連絡を取り合うような関係をつくるのです。

その意味では、お客様に会うための**「口実」**をたくさんもっておくことが大切です。自社の商品の情報、自社が扱っていない商品の情報、お客様の業界の情報、自社の業界の情報、お客様の仕事に少しでも役に立つ情報……。

日々、小さな情報をストックしていくようにしましょう。

お客様との接触の方法としては、電話でもいいですし、現在ではオンラインでの面談などを駆使するのもいいでしょう。

とはいえ、お客様との信頼関係を構築するうえでは、実際に訪問して面談をすることが、より効果的なのも事実。

対面で面談をする場もしっかりと設けていきましょう。

回お客様との関係構築で効率を求めない

営業マンたるもの、営業効率というのは常に意識していなければなりません。

いったん外出するなら、1社だけの訪問ではなく数社を訪問するとか、時間がかかる仕事を工夫して時間がかからないようにするとか、自分の活動を効率的に行うことが大切です。移動時間や待ち時間などは付加価値を生まないからです。

しかし、いくら効率が大切だからといって、決してやってはいけないことがあります。

それは、自分の都合で、売りたいときにだけお客様のところに行く、というものです。

売りたいときにだけ売りに行く。そのときに買ってもらえなければそれで終わりで、足が遠のく。また新商品が出るなりして、買ってもらいたいときにだけ売りに行く。このような活動を大量のお客様に対して行うことを効率的な営業だと思っていたら、大間違いです。

実際には買ってもらえませんし、結果的に効率を落としてしまいます。

こんな仕事の進め方をしてお客様に買っていただけるほど、営業の世界は甘くないのです。

お客様は、「この営業マンは売りたいときにしか来ない」ということをすぐに見抜きます。

大切なのは、いかにお客様から「困ったときや必要になったときに相談したい営業マン」と思われるか、ということです。

そのためにも、お客様にはマメに連絡を入れましょう。

▣積極的に自己開示する

お客様との距離を縮めるうえで効果的な方法の1つに**「自己開示」**があります。

お客様より先にどんどん自分のことを話すことで、お客様は「自分は信頼されているんだ」という気持ちになって、営業マンのことを信頼してくれるようになるのです。

こうなると、いいサイクルが回り始めます。

そう、やがてお客様も自分のことを明かしてくれるようになるのです。

出身地や出身校、家族構成、趣味、働いている今の気持ちなどから、お客様との共通点を見つけることができれば、さらに親近感がわいて信頼関係も深まります。

もちろん、自己開示をするとはいっても、お客様は愚痴を聞いてもらったり、深刻な悩みを相談する相手ではありません。

自己開示するのは、自分のダメなところや、笑い飛ばせるようなトピックスです。

私の場合は、**自分のプライベートな部分を開示**していました。

私は営業マン当時、極真空手というフルコンタクトの空手の道場に通っていました。日曜日に昇級試験があり、５人組手をしました。知っている人にはわかりますが、この連続組手というのは、なかなか厳しいものです。

私は５人目の対戦相手の上段蹴りを頭にもらって、一瞬膝をつきました。

――というような、対戦の様子を撮ったビデオを、翌日月曜日には、商談コーナーのテーブルで、お客様と私の２人で観ていました。

このお客様は強固な信頼関係で結ばれた協力者で、後に年間２億円の競合の切替採用に至りました。

採用が決まり、お互いに大仕事を成し遂げた後に、この方は**「過去に、自分の５人組手のビデオをもってきた営業マンはいない」**とさまざまな場面で口にされていました。それはそうだと思います。そんな営業マンはいないでしょう。

いずれにしても、自己開示できるお客様との信頼関係は、とても強固です。

お客様を信頼しているのなら、あなたから積極的に自己開示していきましょう。

◻教えてもらうスタンスで臨む

第1章で私は、**「キーマンとなるお客様はとっつきにくい人が多い」**と書きました。

とっつきにくいといっても、悪意や敵意をもった悪い人ではありません。

人づき合いや、人と話すことにあまり興味がないというだけの話です。

むしろ仕事に誠実に向き合っているため、話すことより行動することを重視しているという点で、信用ができる人です。

だからキーマンであり、協力者になってもらいたい人なのです。

では、このようなとっつきにくい人には、どのように接していけばいいのでしょうか？

その答えは、「教えてください」というスタンスで接するというものです。

もちろん、何かにつけて「教えてください」というのはNGです。

基本的にとっつきにくい人は仕事には厳しいですからね。

まずは、お客様の高い期待に応えるために、必死で食らいついて対応する必要があります。

とはいえ、ときにはお客様の要求レベルが高すぎたり、言っていることがわからない場合もあることでしょう。

そんなときに、「教えてください」というスタンスでアプローチするのです。

日ごろから必死で対応している姿を見せていれば、お客様はきっと教えてくれます。

そもそも、人から頼られるというのは嬉しいものです。

また、一生懸命に理解しようとしている姿にも信頼を置いてくれます。

自分の力量の範囲を超えていると感じたときは、ぜひ「教えてください」というスタンスで臨んでください。

5 お客様の上位層に人脈を広げる

■上位層から信頼されるための大原則

協力者との信頼関係が築けたら、**課長・部長・事業部長など、協力者の上司**に会っていくことになります。

採用の意思決定には上司の方がかかわってきますからね。

実際、この方たちが意思決定をするうえで一番重要な**「評価者」**になります。

協力者と連携をとりながら、どんどん上司の方に会っていきましょう。

ひるむ必要はありません。

あなたは会社の代表として堂々と会えばいいのです。

新入社員なら新入社員、担当者なら担当者、リーダーならリーダーの立場で会えばOK。

たとえあなたが入社1、2年目であったとしても、臆することなく上司の方に会いましょう。

そもそも社会人として大先輩の上位職の方と、互角に話せるわけはないのです。

あなたはお客様の業界のことや、お客様の関心事はわかっていないかもしれません。

そんなときは「教えてください」と言えばいいのです。

「お客様のためになれるよう理解したいのです。教えてください」という姿勢は、お客様から信頼していただく重要なステップになります。

回協力者の顔を立てる

上司の方と会う際には、協力者である担当者に日ごろからよくしてもらっていることを、お礼とともにしっかり報告しましょう。

協力者のすばらしい働きによって、一緒に仕事を進めさせてもらっていることを理解してもらうのです。

上司の方も自分の部下がいい働きをして周りに評価されているのは嬉しいものです。

協力者も、これでもっと仕事がしやすくなります。

課長、部長と知り合えた際に注意しておいていただきたいことがあります。

それは、課長、部長の顔色ばかり見て、協力者を軽んじてしまうことです。

そうすると今までの協力者は、協力者でなくなっていきます。

あくまでも、担当してくれている協力者の顔を立てることが大切です。

協力者とは、商談の最後まで、そして採用していただいてからも協力者であり続けてもらえるように、あなたは強固な関係を継続しなければいけません。

◘協力者の上司を敬遠しない

もう1つ、協力者の上司と知り合った際の注意事項があります。

それは、評価者である上司の方を敬遠してしまうことです。

協力者の上司というのは、責任をもって仕事をされているので、当然厳しい指摘や要求をつきつけてくることもあります。

だからといって、上司の方を敬遠すると、最後に反対に回られることがあるので注意が必要です。

いくら協力者がやり手で実力者のように見えるからといって、上司の方抜きで商談を進めようとするのは危険です。

ポジションパワーを甘く見てはいけません。

協力者の上司を軽んじて機嫌を損ねたら、商談はそれ以上進まなくなるのです。

また、協力者が上司の了承をもらえずに苦労している場合もあります。

こういう場合は、協力者のためにも、上司と会っていきましょう。

協力者の上司である部長、課長に礼を尽くして面談し、協力者の動き方を支援するのです。

何しろあなたも、お客様の協力者なのですからね。

このあたりのことは、意外にできていないことが多いので、しっかりと胸に刻んでおいてください。

6 お客様とは「寸止め」せず積極的につながりにいく

「売れない営業」の共通項

人脈の拡大は、営業マンにとっての命綱です。

実際のところ、どこで、どうつながっていくかわかりません。

「この人とはお知り合いにならなくてもいい」

「あの人は他の人の担当だから任せてしまって、自分はタッチしなくていい」

このような考え方でお客様に会おうとしないことを、私は**「寸止め」**と呼んでいます。

そして、このように寸止めばかりしていて売れている営業マンを、私は見たことがありません。

ここで、断言しておきます。

絶対に寸止めをしてはならないと。

会うチャンスがあるお客様に関しては、必ずあなたが行って、直接会うようにしてください。

どこで、どんな情報を得ることができるかわかりません。

また、いつどこで、どうつながっていくかもわからないのです。

■クレーム対応のため急遽、タイへ

私がマネジャーのとき、日本で採用してもらい、タイ工場に機器を納入された大手のお客様がありました。

このお客様は、競合会社と熾烈な競争をしている大手企業で、タイ工場への採用を獲得したことは大きな成果でした。

しかし、納入した機器のタイでのサービスサポートに対する不満があり、次の採用からは競合に切り替えるとクレームをつきつけられたのです。

これは大ピンチです。

ちなみに私の会社にもタイに大きな拠点があり、営業部門もサポート部門もあって、しっかりと活動しています。

分業と考えるなら、このクレーム対応とサポートの強化はタイ拠点に任せたほうが業務としては効率的です。

しかし、このときは寸止めせずに、日本から担当の営業マンと私の2名でお客様のタイ工場に行ったのです。

私たちは、当時タイ工場の責任者をされていた方に誠心誠意謝罪しました。

そのうえで、タイ拠点のスタッフと善後策を徹底的に協議しました。

タイ拠点の社長が私の後輩だったこともありますが、日本からわざわざ来たということがよかったのでしょう。

現地スタッフも、よく私たちをサポートしてくれました。

そして以前よりもサポートを強化することでお客様からの信頼を回復して、継続採用が決まりました。

加えて、その後に大きな金額の追加注文を受注することができたのです。

回 競合からの切り替えに見事、成功

なお、この話はこれで終わりにはなりませんでした。

何年かして、その大手企業のインド新工場の投資計画がもち上がったのです。

そのお客様のインド工場の機器は、過去すべて競合会社のものが採用されています。

普通に考えれば、今回のインド新工場も競合会社のものが採用されることは明らかです。

しかし、担当者とともにそれをどうにか切り替えようと動いていたときのことです。

当時クレームがあったときに、タイ工場に赴任していて対応していただいたお客様が、日本の本社に帰ってきていたので会いに行きました。

すると、その方が次のインド新工場の工場長として赴任が内定しているというのです。

そこから事態は大きく動きます。

私もインドに行きましたし、担当者もお客様の日本本社とインドを何度も行き来しました。

結局、インド新工場は競合会社から切り替えて、私たちが全面採用を獲得したのです。

数千万円の売上げになりました。

競合会社は、自社が採用されると思い込んでいたようで、私たちの採用を知ってからあわててインドに飛んで行きましたが無駄でした。

人脈や情報というのは、いつ、何がどうつながってくるかわかりません。**人脈と情報は営業の命綱です。**寸止めせずにどんどん直接コンタクトすることで人脈を拡大し、情報をとっていきましょう。

第3章

ヒアリングでお客様の「潜在課題」を浮き彫りにする

これまでは、お客様から提示された課題、
すなわち「顕在課題」を解決するスタイルの営業が主流でした。
しかし、今ではこのスタイルではなかなかうまくいきません。
顕在課題を解決するスタイルでは競合と差別化できず、結果として価格勝負になるからです。
競合に勝つにはお客様の根本課題、つまり「潜在課題」を浮き彫りにしたうえで
一緒に解決していく営業が必須となってきます。
そこでこの章では、そうするための方法について詳しく解説していきます。

1 そもそも「潜在課題」とは何か？

◻目の前の課題を解決するだけでは不十分

競合に勝つためには、必ず浮き彫りにしておきたい「潜在課題」――。

この「潜在課題」とは、現在は課題としては認識されていないけれども、今ある課題の奥に潜んでいる課題のことです（本質的な課題でもあることから、**「根本課題」**とも言います）。

当然のことですが、潜在課題は現在の状況や問題点に対しての直接的な原因ではないため、認識されていないことがほとんどです。

その一方で、すでに表面化して認識されている課題を**「顕在課題」**と言います。

顕在課題が今の課題だとすれば、潜在課題は先を見たときの長期的な課題と言えます。

具体的には、現在、お客様の業務現場で解決しなければいけないことが顕在課題だとすれば、その先にある**「経営課題」**や**「重点課題」**が潜在課題です。

お客様は解決方法がないと思っているために課題として気づいていないけれども、あなたが解決方法をもっているのなら、それはお客様にとっての潜在課題と言うことができます。

スティーブ・ジョブズが、「曲を選ぶのに、私に3回以上もボタンを押させないでくれ」と言ったことで電源ボタンを省き、シンプルなインターフェイスにこだわり開発されたのが iPod だという有名な話があります。

これはスティーブ・ジョブズが潜在課題を顕在化させた例です。常識を覆す発想ですね。

このように潜在課題を解決することは、目の前にある顕在課題の解決より、よほど重要なことなのです。本来、お客様がやりたいことであり、お客様にとってのすばらしい未来を実現するからです。

一方で、**潜在課題に気づかず放置していると、将来的に大きな影響を及ぼす可能性**が出てきます。将来の問題を予測しリスクに備えるためにも、潜在課題を発見して対応していくことは、お客様にとって不可欠なことなのです。

2 潜在課題を解決することのメリット

◻︎競合に差をつける唯一無二の方法

お客様に潜在課題に気づいてもらい、解決しなければいけない重要な問題だと思ってもらうことは、あなたが競合と差をつけて新規に採用されるためのポイントになります。

ここで、お客様の潜在課題・根本課題の解決を提案することにどのような効果があるかについて解説します。

①競合と差別化できる

当然のことですが、すでに顕在化している課題に対しては、競合からも解決策が提案できます。

これでは、価格やサービスで比較されることになりかねません。

一方、潜在課題に対する解決策の提案は、顕在課題とは別の解決方法を提案することになるため、競合に対して優位性を確立することができます。

②お客様の行動を促すことができる

お客様は潜在課題に気づくことによって、その潜在課題を解決した後の状態と、放置したままの状態を想像することになります。

このギャップが大きければ大きいほど、お客様に「解決しよう」という行動を促すことができます。

③お客様と長期的なパートナーになれる

潜在課題を解決するということは、あなたの会社と、営業としてのあなたの信頼を高めることになります。

そしてお客様は、あなたの会社に対して、今後のビジネスにおいても継続的な関係を築きたいと思ってくれることでしょう。

3 お客様以上にお客様を知る

知っておくべき情報は3つある

お客様の潜在課題を浮き彫りにしていくためには、お客様を知らなければいけません。

ここでは、知っておかなければいけない情報の大枠について解説していきます。

お客様から得るべき情報とアクションは、大きく3つあります。

①組織・人、②事業・経営課題、③計画・案件です。

実際には、それぞれにステップ1〜3を設定して、どんな情報をとらなければいけないのか、どんなアクションをしていかなければいけないのかを定めて行動していくと効果的です。

それでは、次の項目から、それぞれを具体的に見ていくことにしましょう。

お客様の潜在課題を浮き彫りにする

知っておくべき情報	① 組織・人	② 事業・経営課題	③ 計画・案件
ステップ1	部門と役割・人の名前を把握する	事業の概要を把握する	お客様の計画を把握する
ステップ2	意思決定にかかわるキーマンを把握し関係を深める	事業の詳細・現場の課題を把握する	商談へのアプローチをする
ステップ3	お客様の会社の経営層との人脈を構築する	経営課題を把握する	決裁へのアプローチをする

4

知っておくべき情報①　組織・人

回ここを押さえることがスタートになる

この項目では、①組織・人について解説します。

ステップ1：部門と役割・人の名前を把握する

まずはどんな部門があって、どんな役割かを知っていきましょう。

そして何名の部門で、どんな人がいて、担当者は何をしているかを把握することからスタートします。

たいていの場合、最初は1人の担当の方と面談するところから始まります。

その方の部署の役割、その方の担当業務をヒアリングするところから、段階を追って進めていきましょう。

大きな会社なら、部署名と部署の役割、マネジャーやリーダー、担当者の名前が入った組織図をつくっていきます。

集めた名刺情報、お客様から聞いて得た情報、あるいはお客様の受付の内線電話に書かれている部署・人の情報などを参考にして一覧表をつくりましょう。

ステップ2：意思決定にかかわるキーマンを把握し関係を深める

部門・人をつかんだら、このなかからニーズをもっていそうな部門と意思決定にかかわるキーマンを特定してアプローチを強めていきます。

意思決定に関わるキーマンとは、**一緒に採用を推進してくれる協力者、評価者となるであろう上司・マネジャー、導入したときに実際に使用する方**などです。

もちろん、ほかにも影響を与える部門、キーマンがいるかもしれません。影響の大きい方、情報を知っている方などを、まずは押さえていく必要があります。

また、新規の採用に対してリスクを感じる方もいるので、その方たちの反対を抑えるために丁寧に1人ひとりに対応することも重要になります。

意思決定にかかわるキーマンを把握し関係を深めていくこのステップで、お客様との関係を強化し商談を推進します。

ステップ3：お客様の会社の経営層との人脈を構築する

商談自体はステップ2で進めていきますが、最終ステップとして決裁者にアプローチすることをお勧めします。

とはいえ、決裁者は忙しいため、アポをとるのも一苦労します。おいそれとは会えませんし、実際には面談することなしに採用を獲得する商談も多くあります。

けれども、お会いするに越したことはありません。ぜひ決裁者である経営層へアプローチしましょう。担当の役員か、事業部長の場合もあります。

名前を知る、面談する、定期的にお会いできる関係を構築する、という順番でアプローチしていきましょう。

なお、このあたりの信頼関係づくりの注意点については、すでに第2章でもお話ししています。気になるところがあったら、あらためてご参照ください。

5 知っておくべき情報② 事業・経営課題

ゴールは提案と経営課題を紐づけるところにある

さて、②の事業・経営課題に話を進めます。

ステップ1：事業の概要を把握する

まずはお客様の事業の概要をつかみましょう。

どんな業界で、どんなお客様向けに、どんな事業を展開していて、売上げの推移はどうか、などの基本となる情報です。

何を強みとしていて、競合はどこか。今後の事業展開、売上計画はどうなっているかを知りましょう。

これらが、お客様の課題を探すための重要な情報になってきます。調べられるところまでは公開情報で調べて、不明な点はヒアリングしていきましょう。

ステップ2：事業の詳細・現場の課題を把握する

お客様は、具体的にどのような部門方針を受けて、何を実現するために取り組んでいるのか。

一方、現実の業務現場はどうなっているのか。どんな問題があるのか。何を解決して、何の実現を目指しているのか。

そのために解決しなければいけないお客様の課題を知っていきます。

最終的には、**お客様の現場の課題の解決、事業目標の達成のための提案**をつくっていくことになります。

ステップ3：経営課題を把握する

現場をつかむとともに、経営の向かっている方向性と課題を知っておくことも大切です。

あなたの商品やサービスの提案を、最終的にはお客様の会社の経営課題を解決することに紐づけなければならないからです。

営業活動は、この2つの関連性を明らかにしてお客様に気づいてもらう活動なのです。

調べることができる情報はしっかり調べ上げましょう。

しかし、先にもお伝えしたように、資料を調べるだけでは経営者が常々考えている本当の課題はわからないものです。

ヒアリングを目的に課長や部長との面談を求めていきましょう。

それが、競合と差別化する提案内容につながっていきます。

そのうえで、できれば**経営者との面談機会**をつくっていきましょう。

そうすれば、経営者が本当に成し遂げたいと考えていることを教えてもらうことができるかもしれません。

それは提案をつくる際の、大きな大きなヒントになります。

そして、そのヒントをもとに**「経営者様のお考えを実現するものです」**という提案にしていくのです。

6

知っておくべき情報③ 計画・案件

ここが勝負の分かれ目

最後は③の計画・案件についてです。

ステップ1：お客様の計画を把握する

営業活動は、最終的に商談の形にして、受注しなければいけません。

そのためにも、お客様の計画を把握しておくことが大切です。


具体的には、**①商品・サービス、②導入目的・目標、③導入範囲、④予算、⑤納期**などです。

すでに計画がある場合は、その案件をターゲットに商談を進めます。

もちろん、計画がない場合もあります。

その場合は、商談を進めるにつれ、お客様に導入計画を立てていただくことが営業活動になっていきます。

ステップ2：商談へのアプローチをする

お客様の計画を知り、それを商談化して進捗させるステップです（そもそも計画がなかったものに、予算をつけて計画をつくっていただく場合もあります）。

法人向けの営業の場合は、検討期間が長くなることもあります。

情報を整理して提案をつくり、複数いる意思決定の関係者にもれなくアプローチしていきましょう。

ステップ3：決裁へのアプローチをする

導入検討へのアプローチをやりきり、決裁に働きかけて採用を勝ち取る段階です。

決裁者に回ったからといって「賽《さい》は投げられた」と開き直っている場合ではありません。

ここで緊張感をもって対応することが、受注と失注の分かれ目になります。

お客様もギリギリの検討をされています。

もし自社の採用が不利に動きそうなら、素早くその情報を察知し、リカバリーする必要があります。

そのリカバリーができれば受注、できなければ失注という真剣勝負の局面です。

この段階では検討状況がどうなっているのかについては、本当に敏感にアンテナを張っておくことが大切です。

「採用が決まったと思っていたら、急にキャンセルになった」という経験をおもちの方は多いと思います。

それは前日に急にそうなったわけではなく、お客様がギリギリの検討を続けてきた結果、前日にそのように結論づけられたということです。

せめて、そのギリギリの検討を続けていたときに察知していれば、手が打てて受注の可能性もあったはずですが、ここに至っては、リカバリーしようとしても無理。

お客様の状況については、常にアンテナを張っておきましょう。

回土俵際からの大逆転で1億円の受注

ここで、お客様が不採用の決断をしていたところから、巻き返して採用を勝ち取った私の経験をお話ししたいと思います。

先にもお伝えしたように、私はお客様の状況には常にアンテナを張っていたため、早期に、お客様が不採用の判断をしていることを教えてもらいました。

「自分こそがお客様のお役に立つ」と決めている私としては、この結果に納得できませんし、黙ってこのまま失注を待つわけにもいきません。

どうすれば巻き返すことができるかとお客様に迫りました。

お客様を困らせましたが、「台湾の最終ユーザーにＯＫをもらってきたら、採用してもいい」という条件をもらいました。

しかも短納期でです。

お客様からすれば、暗に断りを入れてきたようなものです。

私は台湾の大手半導体メーカーの部長と、台湾の現地装置メーカーの責任者の名前を聞き、私の会社の台湾支社に連絡をして、すぐにアポをとってもらいました。

１週間後には上司と台湾のお客様を訪問。そしてＯＫをもらい、最終的に大逆転で採用になりました。

年間１億円の商談です。

このように、一度はお客様に断られてから巻き返して受注につなげた例は、ほかにもあります。

商談は最後の最後まで気が抜けません。

確実に受注が来ると思っていても失注することがありますし、巻き返して受注することもあります。

営業をしている以上、100％というのはありません。

最後の0・1％で失注もしますし、受注もします。

商談の最後の最後まで気を抜かない人だけが成果を上げられるのです。


以上、お客様を知るための3つのポイントと具体的な行動について見てきました。

お客様から採用を勝ち取るためには、いずれも大切なことばかりです。

ぜひ、参考にしてください。

7 お客様の情報の効率的な集め方

集める方法は7つある

営業たるもの、調べることができる情報は、訪問前に調べつくしておくことが鉄則です。

お客様の基本的な情報や、調べればわかることも知らずにお客様に質問したりすると、「そんなことも知らないのか。調べてもこないのか」と一瞬で信用を失ってしまいます。

逆にきちんと調べていくと、「よく知っているね」とこちらの熱心さに感心して、好感をもってもらえます。

以下に、法人のお客様の事業課題や経営方針を調べる方法を紹介します。

①公式サイト

今ではほとんどの企業がホームページをもっています。

企業の沿革や概要、事業内容や製品について知りましょう。

代表挨拶・経営方針やビジョンなども貴重な情報です。

ここに書かれていることは、お客様の根本課題、潜在課題につながる重要な要因となります。

②アニュアルレポート（年次報告書）

大手企業だとアニュアルレポートをホームページからダウンロードできる場合があります。

業績や事業方針・事業戦略のハイライトが載っているので、お客様を理解するのに大変便利です。

③有価証券報告書

必ずしも目を通さなければいけないということではありませんが、大手企業の大きな投資をターゲットとする場合は、入念に目を通して分析したほうがいいでしょう。

場合によっては、事業ごとの詳細な業績や計画、損益計算書や貸借対照表などの財務状況を数年分表にして、そこから経営課題をあぶりだすこともできます。

④業界レポート

お客様によっては業界誌や業界新聞などがある場合があります。

そのような業界レポートからお客様の市場の動向やトレンド、競合他社の動きなどを知ることもできます。

お客様の会社がどのような事業環境にいるかを知ることは非常に重要です。

⑤お客様の会社に関するニュース

インターネットでもお客様の会社に関するニュースをすぐに調べることができます。

お客様にかかわるニュースや業界のニュースなどは知っておいたほうがいいでしょう。

社員の方も知らない大きな投資計画が発表されて、それから数年をかけて動く場合もあります。

しかし、投資に関する情報をニュースで知るような場合は、営業としては手遅れのことがほとんどです。

実際には計画が動いていて、目途が立ってから発表されることが通常だからです。

⑥工場やオフィスへの訪問

お客様の工場やオフィスの壁には、方針やスローガンが張り出している場合があります。

会社の本年度の方針であったり、工場の今年の重要な取り組みであったりといったことですね。

掲示板にも重点課題と取り組みの進捗が張り出されている場合があります。

それを目にしたら、お客様に聞いてみましょう。

さらに耳寄りな情報を教えてもらえるかもしれません。

⑦お客様へのヒアリング

直接のヒアリングで、経営方針や課題、部門方針を把握していきましょう。

●担当者の上司（課長・部長）から聞く

担当者の上司である課長・部長を**「評価者」**と言います。

これは、担当者が検討した結果に対して、その必要性、妥当性、競合との比較など、あれこれと評価するところから来ています。

金額によっては、商談の決裁者である場合もあります。

決裁者が経営者の場合でも、その決裁者の近くにいて、直接意見を言う方でもあります。商談を進めていくためには、非常に重要な立場の方です。

今の提案状況を報告して、課長・部長の考え、さらなる要望をヒアリングしましょう。

課長・部長の立場での困りごとや、やりたいことも聞くといいでしょう。

もちろん、日頃会っている担当者から、上司である課長・部長の考えを教えてもらうこともあると思います。

しかし、直接聞くことが大切です。

ニュアンスや温度感が、担当者経由で聞いていたことと違うケースがよくあるからです。

さらには課長・部長が、経営者や役員から言われていることを聞けることもあります。

営業は情報戦です。商談を進めるためのチャンスを積極的につかんでいきましょう。

●経営者、トップから聞く

すでにお話ししたように、相手がお客様の会社の事業部長や経営者となれば、会うのが難しくなります。

しかし、大きな商談では決裁者であるケースが多いので、最終的にはここまで人脈を広げたほうがいいでしょう。

話す内容は、「経営課題」に近いものになります。

この方たちの考えが、実際に会社を動かし、会社のお金を動かしています。

経営者として目指していること、考えていることについて、どんどん教えていただきましょう。

また、こちらの提案内容に興味をもった場合は、強力な応援者になってもらうことも期待できます。

さらには、提案の方向性についてのヒントをいただけたり、人脈を紹介していただくこともあります。

何よりもありがたいのは、こうして直接面談する機会をいただけた場合、決裁の際にも有利に働くことが期待できるということです。

決裁者に、あなたの会社のことを近い存在だと思ってもらえることで、競合より優位な立場になることができるのです。

できるかぎり経営者やトップに直接面談して情報を得ていきましょう。

8

商談をより有利に進める動き方

回「売れる営業」は人の力の借り方がうまい

自分の上司を担当者の上司に引き合わせる――。

これができれば、担当者にも自分の上司にも顔が立ちます。

会社同士の関係も強固になりますし、上司からあなたへの信頼も厚くなり、仕事がしやすくなります。

一営業マンだったときの私は、上司には本当にたくさん手伝ってもらっていました。競合からの何億円という切り替えを連発させることができたのも、まさに上司のおかげだと思っています。

これは私がマネジメントをする立場になってあらためて実感したことなのですが、**実際のところ、上司を動かす営業マンは成果を出します。**

それに伴って評価が高まるなど、悪いことはありません。

あなたも、積極的に上司に動いてもらいましょう。

◻ 担当者の上司には定期的に会う

担当者の上司である課長・部長に定期的に会うことも大切です。

協力者である担当者とは頻繁に接触したうえで、そのうち何回かに1回、課長や部長に会うようにするといいでしょう。

そして、ときには、あなたの上司に同席してもらいましょう。

理由は、法人営業というのは組織を巻き込む力が非常に大切だからです。

ひょっとしたら、あなたの営業マンとしての個人の力で、そこそこ商談を進めることができるかもしれません。

しかし、最後の勝負どころでは、お客様の会社の責任ある立場の方に採用の方向を打ち出してもらうときが来ます。

法人営業は取引金額が大きく、継続的に採用することを前提としているので、新たに採用するとなれば、お客様にしても大きなリスクを負うことになります。

あなたの会社がそのリスクを引き受けることでお客様に安心していただくために、

上司にも定期的にお客様と会ってもらい、会社と会社との関係を強化しましょう。

◼情報の裏をとっていく

何度も言うように、営業は情報戦です。

多くの正確な情報を得てこそ、正しい提案ができます。

1人の方から聞いた情報も、ほかの人から聞くと、違う解釈の場合があります。

1つの情報を得たからといって、それを正しいと思い込まず、ほかの人から裏をとることが必要です。

そして、協力者である担当者と情報を共有して話を進めていくのです。

立場が違うと、非常に重要な情報をもっていることがあります。

やはり決裁者に近い人からは、決裁者が考えている重要な判断基準を知ることができるケースが多いもの。

このように情報源としての人脈を広げていきましょう。

接触しているうちに、その方たちもあなたの協力者になってくれることでしょう。

9

お客様の潜在課題を浮き彫りにするSPIN話法

回 質問をすることでお客様に気づいてもらう

お客様にヒアリングをしていく方法として、**「SPIN話法」**というものがあります。これは、イギリスの行動心理学者のニール・ラッカム氏が考案した、お客様の潜在課題を引き出して顕在化させるための質問方法です。

商談を進めるうえでかなり有効で、私もこの質問法をよく使っていました。

SPINのSは**Situation（状況質問）**、Pは**Problem（問題質問）**、Iは**Implication（示唆質問）**、Nは**Need-payoff（解決質問）**のことで、S・P・I・Nの順に質問を展開します。

● S＝状況質問

経営方針、ビジョン、事業を理解したうえで、現状は何に力を入れているかを聞いていきます。

ここでは、調べればわかることを聞いてはいけません。

「よく知っていますね」と言われるくらいにお客様のことを理解したうえで、お客様の今の取り組みについて具体的に確認したいことを質問しましょう。

●P＝問題質問

「お客様は現在、このような問題があるのではないか？」と仮説を立てて、質問していきます。

この質問に答えることで、お客様は潜在課題であったものを顕在課題として認識します。

たとえば、

「私のお客様には○○でお困りになっている方がいらっしゃいますが、御社はその点、問題はないですよね？」

という質問に、

「いや、そんなことはないです。うちも困っているんですよ」

となれば、

「具体的にお聞かせいただけませんか？」

「ほかにはありませんか？」

と聞いていけます。

お客様が口にすることで潜在課題を顕在化させる、重要な質問です。

しかし、ここで注意しなければならないことがあります。

それは、お客様が問題を口にしたからといって、売り込みや解決策の提案をしてはいけないということです。

潜在課題は顕在化されましたが、まだ解決の意欲は高まりきっていません。

ここで売り込むと、購入の決心までには至らないということになるのです（私も何度も経験があります）。

実際、営業マンの多くの失敗は、早い段階で売り込んでしまうことから起きてしまうものです。

営業マンなので、早く売り込みたくなる気持ちはわかります。

しかし、ここはぐっとこらえて、次の質問に移りましょう。

●I＝示唆質問

一番重要な質問です。

「このままだと、どんな不都合がありますか？」という質問です。

大きな商談を決める営業マンは、この質問をよくしていると言われています。

私もメンバーと同行して、お客様の上司とお会いしたときは、この示唆質問をよくしていました。

この質問に答えることで、お客様は**「この問題は放置しておけない重要な問題」**だと認識されることになります。

●N＝解決質問

「解決すると、どんないいことがありますか？」と聞いていきます。

私の経験上、これには気持ちよく答えていただけます。

加えて、**「ほかにはどんないいことがありますか？」**と聞けば、これにもスムーズに答えていただけるはずです。

この質問に答えてもらうことの効果は、お客様に**「ぜひ解決したい」**と気づいてもらえるところにあります。

ここまでお客様に話していただければ、お客様の購買意欲は最大になっています。

あなたが提案する解決策の価値が最も高まった状態になっているというわけです。

以上がＳＰＩＮ話法です。

お客様の潜在課題である、今の課題の奥にある課題について仮説を立て、質問していくことでお客様に潜在課題の必要性を認識してもらう技術です。

ぜひ、営業の現場で使ってください。

なお、この質問は、一度の面談ですべて行わなければいけないということではありません。

実際には数回の面談のなかで、進めていくことになります。

また、このＳＰＩＮ話法を活用していく際に、一番重要なのが**「仮説を立てる」**ことです。

あなたが解決できる潜在課題を想定して、その課題が実際にお客様にあるのかどうかの確認のために質問していくことがポイントになります。

このSPIN話法に関しては、営業現場で場数を踏むことによっても向上しますが、慣れないときはぎこちなくなったり、思っていたようにはうまく質問ができないことがあります。

そのためにも、事前にロールプレイングをしておくと非常に効果的です。

お客様役を立てて、事前に仮説に基づいて質問していく練習をしておくことです。何度もロールプレイングをしていくうちに、課題の仮説をもっと深掘りできたり、お客様のいくつかの態度への対応の予行演習ができて、スムーズに話を進めていくことができるようになるでしょう。

第4章

ヒアリングした内容をもとに「採用せざるを得ない提案書」をつくる

私は、一営業マンのころから「提案書づくり」には人一倍こだわってきました。

しかし、営業部長になってから部下たちの提案書を検討してみると、
その内容や品質がまちまちであることがわかりました。

そこで私は、それまで自分がつくっていた提案書を体系化。

すると、どの部下も目覚ましい成果を上げるようになったのです。

ズバリ、その名も「採用せざるを得ない提案書」――。いわば、本書の最大の肝にあたる部分です。

この章では、そんな提案書のつくり方を解説していきます。

1

人は「何」ではなく「なぜ」に動かされる

回法人のお客様における3つの課題

サイモン・シネック氏が提唱した**「ゴールデンサークル理論」**というものがあります。

これは、人を動かすための伝え方に関するものです。

この理論では、伝える内容を以下の3つに分けています。

- **WHY（なぜそれをするのか）**
- **HOW（どのようにそれをするのか）**
- **WHAT（何をするのか）**

そして、その際には中心から外側に向かって伝えることが効果的だとされています。

たとえば営業の場面で、商品の特徴（HOW）とメリット（WHAT）を説明して、

WHYからHOW、WHATへ

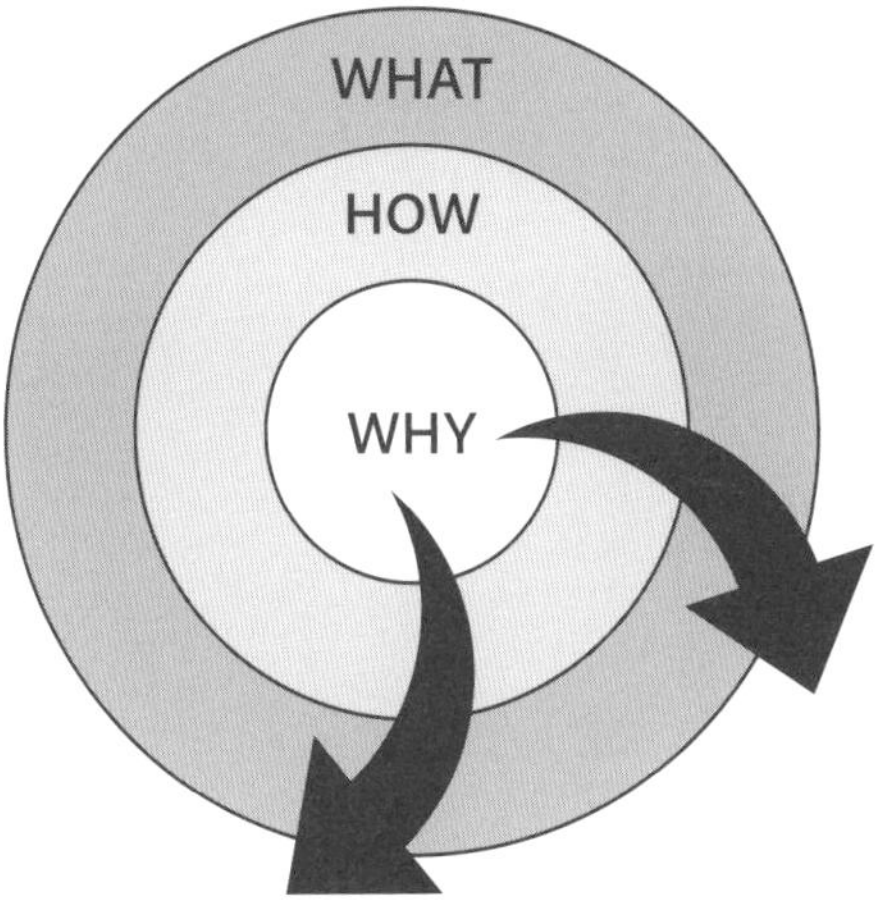

「買ってください」と言っても買ってもらえません。

それに対して、**中心から外側に向かって伝える、つまり何のための商品か（WHY）を明確に伝えて共感してもらってから、商品の特徴（HOW）とメリット（WHAT）を説明したら、買う気になってもらいやすい**ということなのです。

この理論は、提案書をつくるうえで、とても重要です。

WHYで合意すれば、その実現のためのWHATとHOWが受け入れられやすくなるということを示しているわけですからね。

法人の場合、この3つの課題は、次のように整理できます。

①WHY　経営者の課題
②WHAT　管理者の課題
③HOW　担当者の課題

つまり、提案書ではこの3つを紐づけて、すべての課題の解決を提案すればいいというわけです。

これまでの営業スタイルの多くは、顕在化した課題であるWHATに対して、解決方法のHOWを示すだけのものでした。

しかし、これからの時代はそれではうまくいきません。

新規に採用してもらうためには、**WHATの先にある課題、つまり根本課題であるWHYについてアピールしていく営業が必要**なのです。

ここで次ページの図をご覧ください。

じつは、これが**「採用せざるを得ない提案書」**のおおもとになるものです。

提供できるHOWとWHATに対して、お客様のWHYを紐づけていく作業です。

さっそく、具体的に見ていくことにしましょう。

「採用せざるを得ない提案書」はここから始まる

経営方針	ありたい姿	☆ WHY		
経営者の課題	重点課題	❶WHY	❷WHY	❸WHY
管理者の課題	何ができるニーズ	❶WHAT	❷WHAT	❸WHAT
担当者の課題	どうすれば商品・強み	❶HOW	❷HOW	❸HOW

☆経営方針・ありたい姿・WHY

この「経営方針」というのは、「経営者の課題」のさらに上部概念として位置づけられるものです。

言うまでもありませんが、経営方針とは、会社を存続させるための方針のことです。

3年計画や、10年計画として打ち出されている場合があるかもしれませんね。

その他、売上げや利益などの中長期の成長目標や、ブランドの確立、ステークホルダーへの対応、環境への対応などの社会的責任を果たしていく方針が出ていたりします。

いずれにしても、非常に抽象度が高いので、そのまま直接的に具体的な解決提案はできません。

しかし、これこそがお客様の会社の経営にとって、どうしても実現したいWHYなのです。

このWHYを理解し、お客様と共感することが関係構築のスタートになります。

たとえば、

「質的成長とブランド価値向上」

という3年計画が打ち出されている場合、それがこの会社のWHYです。

経営方針の課題「WHY」を書き出す

経営方針	ありたい姿	☆ WHY		
経営者の課題	重点課題	❶WHY	❷WHY	❸WHY
管理者の課題	何ができる ニーズ	❶WHAT	❷WHAT	❸WHAT
担当者の課題	どうすれば 商品・強み	❶HOW	❷HOW	❸HOW

↓

経営方針	ありたい姿	質的成長とブランド価値向上		
経営者の課題	重点課題	❶WHY	❷WHY	❸WHY
管理者の課題	何ができる ニーズ	❶WHAT	❷WHAT	❸WHAT
担当者の課題	どうすれば 商品・強み	❶HOW	❷HOW	❸HOW

①経営者の課題・重点課題・WHY

☆の経営方針は、お客様の会社の経営の方向性や考え方を示したものです。

しかし、これだけでは具体的な提案をつくることができません。

お客様の会社は、それを実現するために、もう少し具体化した取組方針を打ち出しています。

それが①の経営者の課題・重点課題・WHYです。

このWHYは、お客様にとって事実であることが必要です。

そして、お客様が明確に打ち出している方針やホームページ、会社の方針資料に書かれている言葉をそのまま使うことがポイントになります。

たとえば、事業戦略、商品戦略、生産戦略、財務戦略、人事戦略、ブランド戦略、グローバル戦略などのなかで具体的に出てきている言葉といったものですね。

こうしてWHYが明確になったら、今度は**このWHYを解決するための具体的な提案をつくっていく**ことになります。

ただし、その際には、あなたが提供する商品・サービスで解決提案ができる課題をピックアップすることが大切です。

なぜなら、解決提案ができないWHYをピックアップしたところで意味がないからです。

いずれにしても、どのWHYを選定するかが、非常に重要なプロセスです。

お客様が重要視しているなかでも、どうしても実現したいWHYについて提案するからこそ、お客様は採用せざるを得なくなるのです。

私の会社では、製造業向けの事業を行っていたので、お客様の生産戦略に注目していました。

生産戦略として打ち出されている多くの重点課題のなかでも、とりわけ重要視している課題に着目して、提案をつくります。

たとえば、「グローバル拠点間を相互補完する生産」「最高生産効率の追求・稼働率最大化」「ものづくり革新による低コスト生産」といった具合です。

生産戦略のなかで、お客様が一番重要視している課題に対して提案を結びつけていったのです。

経営者の課題「WHY」を書き出す

経営方針	ありたい姿	WHY		
経営者の課題	重点課題	❶WHY ①	❷WHY	❸WHY
管理者の課題	何ができるニーズ	❶WHAT	❷WHAT	❸WHAT
担当者の課題	どうすれば商品・強み	❶HOW	❷HOW	❸HOW

↓

経営方針	ありたい姿	質的成長とブランド価値向上		
経営者の課題	重点課題	❶グローバル拠点間を相互補完する生産	❷最高生産効率の追求・稼働率最大化	❸ものづくり革新による低コスト生産
管理者の課題	何ができるニーズ	❶WHAT	❷WHAT	❸WHAT
担当者の課題	どうすれば商品・強み	❶HOW	❷HOW	❸HOW

②管理者の課題・何ができる・WHAT

とはいえ、①でもまだ抽象度が高く、具体的に何のことを言っているのかがわかりにくくなっています。

そこで、②で①の実現のための提案に入っていきます。

「この提案では〇〇が実現できますよ」とWHATを示し、「②ができるということは、①を実現するということです」と紐づけていくのです。

それに対して、お客様が「そんなことができるのですか?」「本当にできるのですか?」という反応を示せばOK。

自信をもってWHATを提案していきましょう。

先の例でいえば、「柔軟に生産するためのフレキシブル生産」「止まらない・よいものだけを作る設備」「共通構造による最新技術の展開」がWHATになります。

なお、この②のそれぞれのWHATは、①で示したそれぞれのWHYを実現するように関連づけています。

重要なポイントなので覚えておいてください。

管理者の課題「WHAT」を書き出す

経営方針	ありたい姿	WHY		
経営者の課題	重点課題	❶WHY	❷WHY	❸WHY
管理者の課題	何ができるニーズ	❶WHAT ②	❷WHAT	❸WHAT
担当者の課題	どうすれば商品・強み	❶HOW	❷HOW	❸HOW

経営方針	ありたい姿	質的成長とブランド価値向上		
経営者の課題	重点課題	❶グローバル拠点間を相互補完する生産	❷最高生産効率の追求・稼働率最大化	❸ものづくり革新による低コスト生産
管理者の課題	何ができるニーズ	❶柔軟に生産するためのフレキシブル生産	❷止まらない・よいものだけを作る設備	❸共通構造による最新技術の展開
担当者の課題	どうすれば商品・強み	❶HOW	❷HOW	❸HOW

③担当者の課題・どうすれば・HOW

ここで、②で示したWHATを実現するための方法を示します。

具体的には「弊社の商品・サービスをこのように使うと②が実現できます」というHOWを示すわけです。

一番大切なことは、この③で示すHOWはあなたの商品・サービスの強みである必要があるということ。せっかく②まで示しても、競合の商品・サービスのほうがいいということであれば採用されませんからね。

したがって、あなたの会社だけがもっている商品・サービスの強みであるHOWによって、あなたの会社だけが実現できるWHATを実現していくことになります。

この例の場合、「モジュール化」「IoT基盤・AI技術の導入」「標準化・オープンプラットフォームの採用」です。

自社でしか実現できない、または業界のなかで最も優れていたり、最新である商品や技術によるHOWを提案できれば、お客様はあなたの提案を採用せざるを得なくなることでしょう。

担当者の課題「HOW」を書き出す

経営方針	ありたい姿	WHY		
経営者の課題	重点課題	❶WHY	❷WHY	❸WHY
管理者の課題	何ができるニーズ	❶WHAT	❷WHAT	❸WHAT
担当者の課題	どうすれば商品・強み	❶HOW ③	❷HOW	❸HOW

↓

経営方針	ありたい姿	質的成長とブランド価値向上		
経営者の課題	重点課題	❶グローバル拠点間を相互補完する生産	❷最高生産効率の追求・稼働率最大化	❸ものづくり革新による低コスト生産
管理者の課題	何ができるニーズ	❶柔軟に生産するためのフレキシブル生産	❷止まらない・よいものだけを作る設備	❸共通構造による最新技術の展開
担当者の課題	どうすれば商品・強み	❶モジュール化	❷IoT基盤・AI技術の導入	❸標準化・オープンプラットフォームの採用

2

「採用せざるを得ない提案書」のストーリーをつくる

◘シンプルだけど効果は抜群

この章の冒頭で、私が営業部長時代に「『採用せざるを得ない提案書』をつくれないか」と取り組んできたと書きました。

そのプロセスで、

「この順番で提案されたら、ＹＥＳと言わざるを得ないだろう」

と確信するに至ったストーリーがあります。

じつに単純なストーリーですが、適用できるのは、お客様への営業提案だけではありません。

たとえば会社で企画を通そうとする場合や、上司やグループメンバーに何かを提案する場合などにも使える優れものです。

具体的には、以下のようになります。

①相手のやりたいことを明らかにして共感する
②「このようにすれば、こういうことができますよ」と示す
③本当にできることを証明する
④これが相手のやりたいことと合致することを確認する
⑤相手が懸念していそうなことや質問しそうなことにあらかじめ答えてしまう

じつにシンプルですが、この順番でストーリーをつくっていけば、お客様からYESと言っていただけるのです。

前の項目で整理してきたお客様の3つの課題を、この提案ストーリーにあてはめると、次のようになります。

①お客様の目指す姿（WHY）を明確に示して合意する
②とるアクション（HOW）と結果（WHAT）をセットで提案する
③それが実現可能であることを証明する
④お客様の方針に合致していることを確認する

⑤障害をすべて取り除く

いかがでしょうか？

とてもシンプルですよね。

まずＷＨＹを示して合意する。

そのうえでＨＯＷとＷＨＡＴを示す。

③と⑤では、リスクとなる要因を取り除いていく。

この提案ストーリーができあがったときに、「採用せざるを得ない提案書」が形となっていくのです。

１３０、１３１ページをご覧ください。

これが「採用せざるを得ない提案書」の基本フォーマットです。

次の項目では、それぞれの部分でどのようなことを書いていくのかを見ていくことにしましょう。

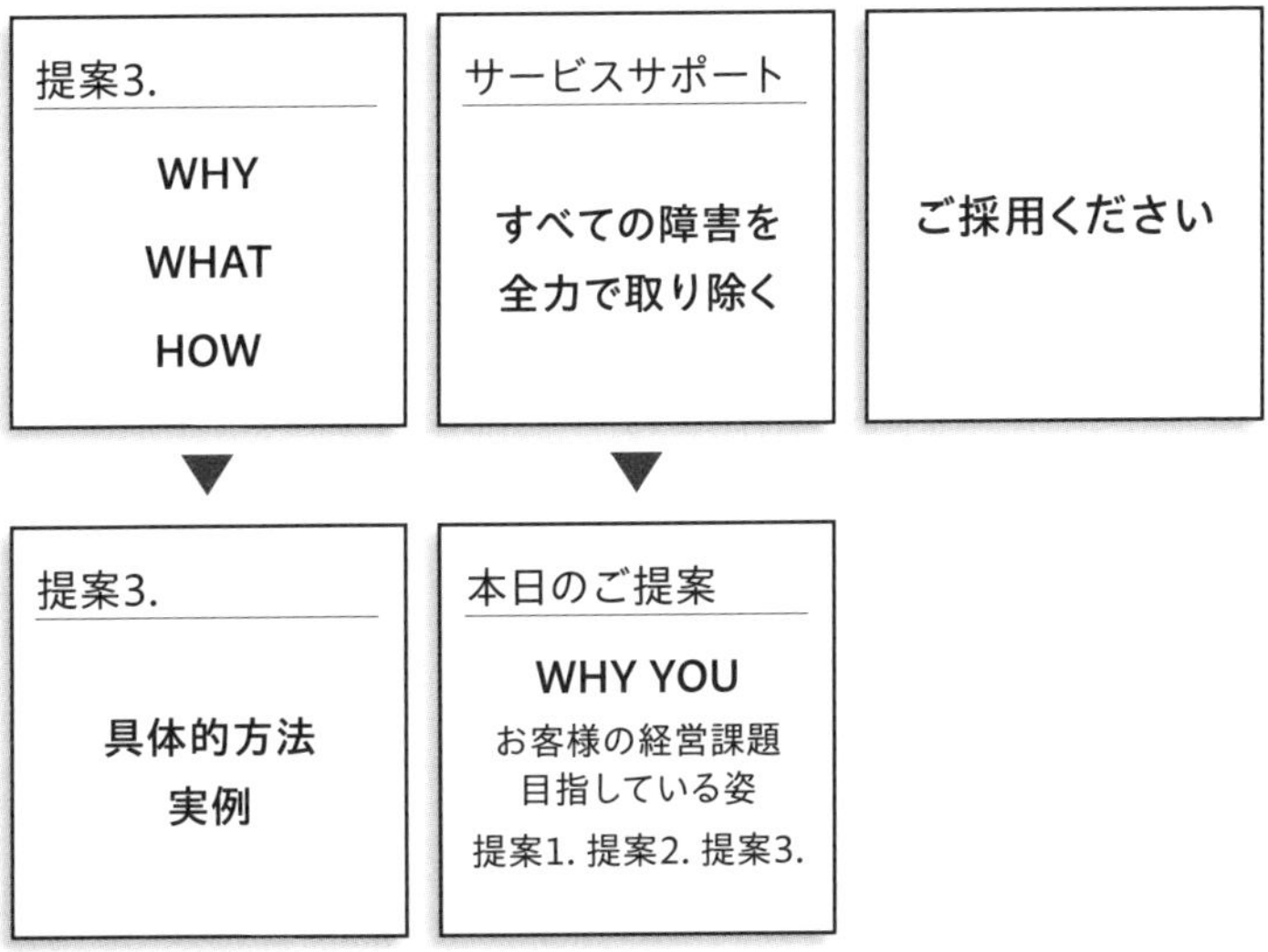
提案3.
WHY
WHAT
HOW
サービスサポート
すべての障害を
全力で取り除く
ご採用ください
提案3.
具体的方法
実例
本日のご提案
WHY YOU
お客様の経営課題
目指している姿
提案1. 提案2. 提案3.

「採用せざるを得ない提案書」の基本フォーマット

3 「採用せざるを得ない提案書」のつくり方

▣まずは3つのWHYを示す

「採用せざるを得ない提案書」では、WHYは3つあります。

①WHY NOW：お客様が現在置かれている事業環境についての認識を表して共感を得ます。「こんなときだから、今こそお客様は私どもが提案する商品やサービスを導入する必要があります」と伝えるための伏線です。

②WHY ME：そのような事業環境で頑張っているお客様に向けて、「自社はこのような思いとこだわりで、このような事業を進めています」ということを表し、共感を得ます。加えて「だから、私たちをパートナーとして選んでください」と伝えていきます。

③ＷＨＹ ＹＯＵ：ここで「お客様はこのように取り組まれていますよね。そのことに関してご提案をおもちしました」と表明します。もちろん、お客様のＷＨＹとは経営課題に紐づく、潜在課題、根本課題のことです。

このＷＨＹを明確に示して同意を得るプロセスが、解決策だけを示していた従来の営業との決定的な違いです。と同時に、新規に採用される提案書をつくるうえでの最も重要なポイントとなります。

◘WHYに対してWHATとHOWを提案する

３つのＷＨＹを示したら、今度はＷＨＹ ＹＯＵに対して、具体的に提案していきます。

お客様がどうしても実現したいことに対して、解決方法（ＨＯＷ）と、その結果（ＷＨＡＴ）とを示すわけです。

HOW⑤：私たちの商品をこのように使えば
WHAT④：このようなことができます
それは、お客様のWHY③を実現しますよね

という具合です。

前にも書きましたが、このときの**HOWは「商品・サービスの強み」**です。

そのことによって満たすことのできる**「ニーズ」がWHAT**です。

□エビデンス（証拠）を添える

④⑤までを示すことができた――。

次にするべきことは、**それが実現可能である証拠（⑥）を添える**ことです。

具体的な方法や、実例を示していきます。

とくに実績があると、お客様の納得性が高まります。

過去に導入してうまくいった事例などがあれば、提示するようにしましょう。

都合のいいことだけを書いていても信用していただけません。

「本当にできます」と証明することが大切です。

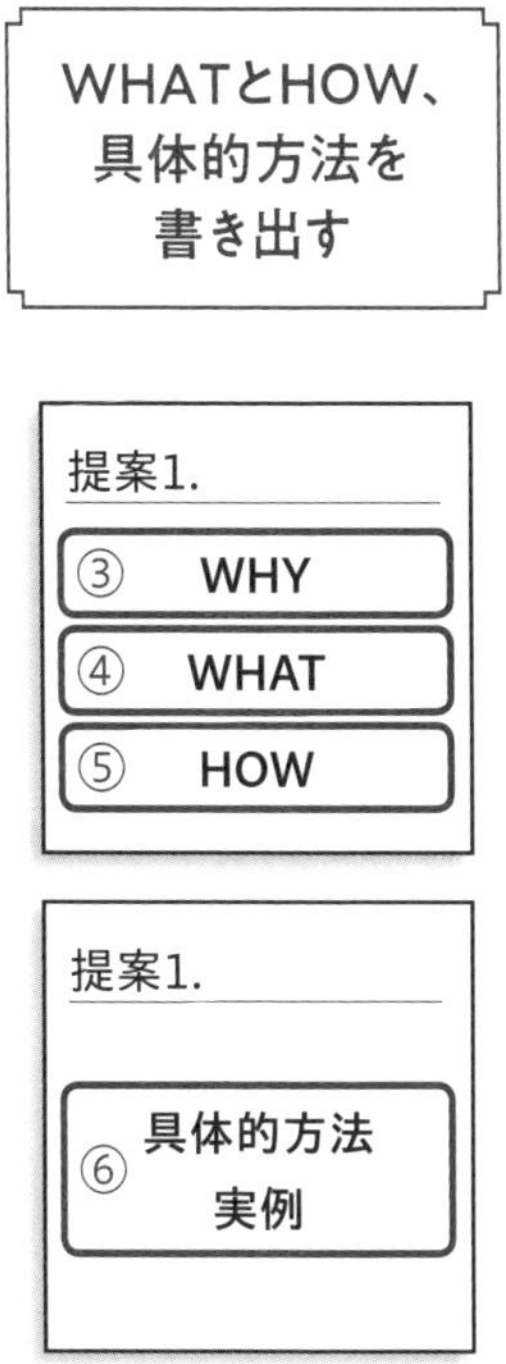

◘ ３つのWHYに３つの提案をする

提案は、お客様の３つの課題（ＷＨＹ）に対して行います。

なぜ、そうしなければならないのか？

それは、１つの提案だけでなく、３つの提案を並べることで、

「有効な提案をされている」

という具合に、お客様の確信の度合いが上がるからです。

ちなみに３つの提案のうちの１つは、お客様が採用するメインの理由になる**「本命の提案」**にします。

お客様が一番実現したいことに対して、

「ここまで提案されたら採用せざるを得ない」

という納得性の高い提案にするのです。

提案内容が具体的であり、実現性が高く、できれば数字も入っていて説得力が高くなければいけません。

提案書では必ず3つの提案をする

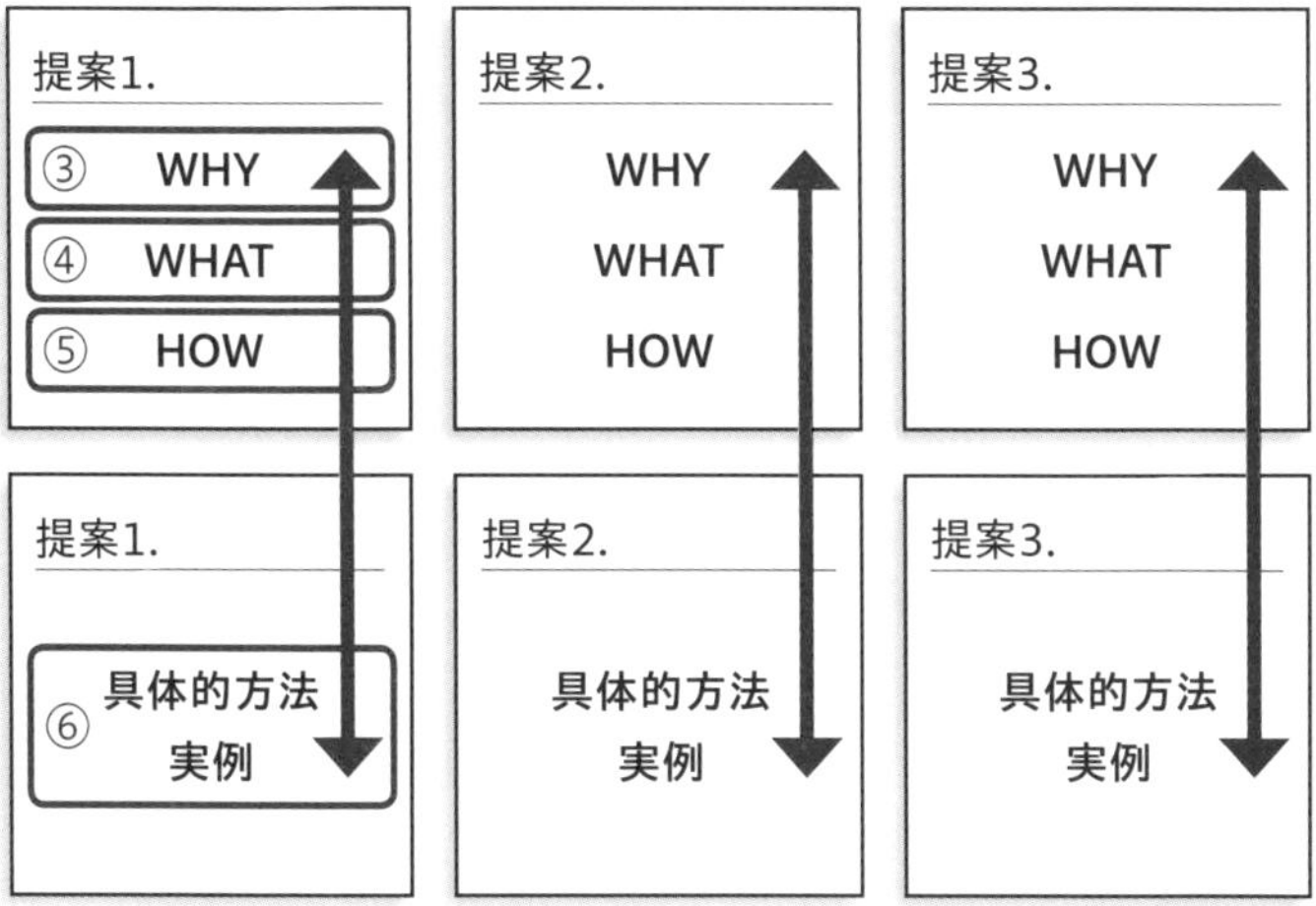

では、残りの2つの提案は、どんなものにすればいいのでしょう？

たとえば、ほかの課題に対してもメリットが波及することを記載するのも1つの方法です。

あるいは、自社の商品やサービスを採用していただくことで、将来的に実現できるすばらしい姿を記載するのでもいいでしょう。

いずれにしても、ポイントは**「1つの提案書のなかでは、3つの提案をする」**ことにあります。

とても大切なことなので、必ず実践するようにしてください。

回予想される障害をすべて取り除く

この⑦の「すべての障害を全力で取り除く」は、まさに勝負どころです。お客様は絶対に失敗したくないため、リスクに対して非常に慎重だからです。

「提案内容がいいことはわかったが、本当に問題なく導入することができるのか」

というお客様の恐れを、提案のなかでセットで取り払わなければいけません。

たとえば、新たに採用する際に想定される障害は、「お客様の知識不足」「慣れがない」「うまく活用できない」「トラブルや納期への心配」などです。

業界によっては、もっと多様な障害があるかもしれません。

これらの想定される障害への対処について、あらかじめ提案のなかで対応策を盛り込んで、お客様に安心していただくことが重要です。

「教育をします」

「技術サポートをします」

「関係者に私たちが説明に回ります」

「関係部署や関係会社に責任をもって対応して採用の了承をいただいてきます」

など具体的に説明したうえで、実際にお客様に提案している最中に活動するのです。

予想される障害をすべて取り除くことができれば、不採用となる理由はなくなります。

大きな勝負どころと心得て、提案をつくり込みましょう。

回あらためて提案内容を確認する

最後に、この提案がお客様のどうしても実現したいこと、すなわち根本課題を解決するWHYを実現するためのものであることを確認します。

障害を取り除いたうえで提案内容を確認する

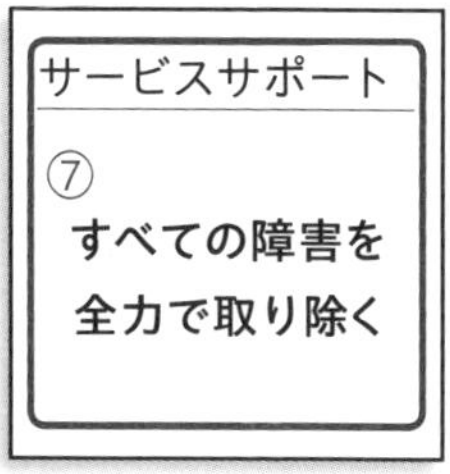

さあ、以上で「採用せざるを得ない提案書」の完成です。

いかがですか？

ここまで提案されれば、採用しない理由を探すほうが難しいですよね。

実際、私の部下たちはこの提案書によってすばらしい実績を上げ続けています。

ぜひ、あなたもここでお伝えしたことを参考に、**あなたならではの「採用せざるを得ない提案書」づくりにチャレンジ**してみてください。

4 「採用せざるを得ない提案書」をつくる最大の効用

自然と決裁までの流れができてくる

さて、ここまでのところでは主として「採用せざるを得ない提案書」のつくり方についてお話ししてきたわけですが、この章の締めくくりとして、あなたに言っておきたいことがあります。

それは、「提案書は、完全なものをつくり上げて、晴れ舞台でプレゼンすることを目指すだけのものではない」ということです。

じつは、提案書をつくり上げるプロセスこそがお客様との信頼関係をつくり、決裁者までにつながっていくための大切な行為なのです。

何しろ情報がかぎられているわけですから、最初は **「仮説」** で提案書を書くしかありません。

知るかぎりの情報と洞察によって、提案書をつくるしかないでしょう。

完成度としたら6割程度でしょうか。

でも、臆することはありません。すべてはお客様のためにやっていることです。その6割の完成度で、まずは担当者に見ていただくのです。

そして、担当者からフィードバックをもらいましょう。

具体的には、その提案書の内容がお客様の本当に実現したいことなのか、お客様の要望に合うものなのか、といったことですね。

私の経験上、このような姿勢で臨めば、担当者は感動して、熱心にアドバイスをしていただけるケースがほとんどです。


「もっと大切な課題がある」

「部門で目指しているのは〇〇の実現だ」


こうしたアドバイスをいただいたら、すぐに修正や追記をして完成度を上げて、再度提案書を見てもらいに行きます。

場合によっては、たとえば次の面談では課長が同席してくれることもあります。

担当者だけに向けた提案書ではなく、経営者にも向けた提案書になっているので、担当者が1人では手に負えなくなるから、上長に会えるようにセッティングしてくれるのです。

そして、課長に提案書をプレゼン。

ここでも課長から、新しい情報やアドバイスをいただきます。

課長クラスのフィードバックの場合、経営の方針、経営者が重要視していることや、ふだん指示されている具体的な内容などを教えていただけることがあります。

それにもとづき、再度提案書をブラッシュアップさせて、また提案。

課長からアドバイスをいただく際には、上司である部長がＯＫしてくれるかどうかを基準にしているので、このアドバイスを反映した提案書は部長に通用する、かなり完成度の高い提案書になっています。

そして、次は部長にこの提案をプレゼンさせていただく機会をもらっていきます。

部長の評価をいただくことができれば、この提案書はほぼ完成です。

なぜなら、部長からは上司である役員に見せたときにＯＫをもらうためのアドバイスをしていただけるからです。

「うちの役員がよく言っているのは○○です」

などと教えていただけるのです。

ここまでくれば完璧。

そのアドバイスを反映させれば、「採用せざるを得ない提案書」のできあがりです。

しかも、すでにこのときには、担当者もＯＫ、課長も部長もＯＫを出しているという状況ができています。

さらには、このプロセスで、お客様のそれぞれの立場の方が、それぞれの上司に顔が立ち、最終的に経営者向けに顔が立つ仕事ができていることにもなります。

いずれにしても、**このようなプロセスを踏めば、担当者から始まった営業活動が、最終的に決裁者に提案できるところまでスムーズに進みます。**

そして、このプロセスこそが「採用せざるを得ない提案書」をつくり、新規で採用していただくための営業プロセスそのものなのです。

第5章

お客様の意思決定への障害を取り除いて成約につなげる

この章は、あなたの提案を採用すると決めてもらうためのステップになります。

キーマンの了承をもらえばいい、部長の了承をもらえばいい、決裁者の了承をもらえばいいなど、特定の誰かを押さえればいいということではありません。

それだけでは決まらないのが、法人営業というものなのです。

意思決定のプロセスとはどのようになっていて、かつ関係者にはどのようにアプローチすればいいのか？

この章では、そのことについて解説していきます。

1

大切なお客様に活動を集中させる

どちらのスタイルのほうが効率的？

お客様と信頼関係を構築する――。

そのためには、接触する回数と時間が重要です。

たとえば、100回お客様と接触する機会があるとします。

営業マンAさんは、100社に対して接触していきます。

1社に1回接触して、反応が悪ければ次は接触せず、ほかのお客様のところにどんどん行くという営業方法。

営業マンBさんは、お客様を20社に絞って、お客様からの反応がよくても悪くても、1社に対して5回は接触するという営業方法をとります。

このAさんとBさんは、どちらが営業成果が出ると思いますか？

Aさんは一見、効率的な営業活動に思えますが、実際にはこれでは成果が望めません。

「多くのお客様に接触をした」という事実が残るだけです。

一方でBさんは、最初は反応が悪かったお客様でも、5回接触するうちに、信頼関係ができていきます。

要望や困りごとを打ち明けていただける関係になって、商品が売れる可能性が高くなるのです。

Bさんのように、いい反応がなくても訪問を続けるというのは、非効率に見えますが、この集中こそ成果が出る方法であり、結局は効率的ということになります。

私が営業マンのときは、最も集中するお客様はいつも1社か2社、その次に重要なお客様が数社、そのほか数十社のお客様は「何かあったら対応する」という姿勢で担当していました。

さらに私が部門の責任者になってからは、メンバーに同じように集中的にお客様への営業活動をするように指導していました。

このほうがメンバーは仕事がやりやすく、実際に成果も出るからです。

◘活動を集中させることで新規採用に成功

私が営業マンだったときの話です。

当時、私はH自動車会社の国内メイン工場を担当していました。

採用されれば売上げに大きなインパクトがあるのが、一番設備台数が多い溶接工程です（一度に何億円もの取引になります）。

しかし当時、H自動車会社の溶接工程では、競合の商品が標準で使用されており、私の会社の商品はまったく使用されていませんでした。

そうであるにもかかわらず、私はその会社の溶接工程の部署に通い続けました。

お客様からは私に対して用事はありませんし、注文もありません。

それでも週に何日か通い続けたのです。

効率という考え方をしたら、「行っても注文にならないから時間を割くべきではない」「注文をもらえるお客様に行くほうがいい」ということになるかもしれません。

上司からすると、「買ってもらえないお客様に、どれだけ時間を使っているんだ」という思いでいたかもしれません。

しかし、私はどうしても採用していただきたくて、通い詰めました。

情報を小出しにしながら、いつも次に会う理由をつくり、頻繁に訪問。

キーマンが不在のときも、その場にいる部員の方にお声かけして面談し、人脈を広げていきました。

するとどうでしょう。

用事もないのにいつも訪問してくる私に、一番のキーマンの方が、

「また来てるのか、ヒマなんか！」

と声をかけてくれるようになったのです。

私は、

「ヒマなんです」

と笑って答えながらお話をお聞きし、訪問し続けました。

そして、通い始めて半年後――。

ついに、初めて1セット採用していただいたのです。

金額にして50万円程度の購入。

もちろん、メインの用途としての採用ではありません。

あくまでもテスト的に、別の用途でのものです。

とはいえ、とにかく初めての採用です。

私は立ち上げの際のサポートに一生懸命に取り組みました。

そして、その半年後、

「今使っているメーカーから切り替えるから、提案をもっておいで」

と言われて、正式に採用していただくこととなったのです。

始まりは、私が担当していた1つの工場の1つの溶接部門での1セットの購入にすぎません。

しかし、そこからこのH自動車会社では年間数億円の採用をいただくようになり、さらにアメリカの新工場ではすべて私の会社の商品を採用していただくまでに取引が拡大していったのです。

回このやり方では結果が出ないのも当たり前

さて、ここで私があらためて言いたいのは、**「行動は集中させてこそ成果になる」**ということ。

虫眼鏡で光を集めると発火するのと同じです。

そして、いったん発火すると、連鎖反応で成果が広がっていきます。

なかには、「あのお客様はどうなってる？」「あのお客様のところに行ってないのか？」と、担当しているお客様のすべてに対して、もれなく営業活動することを求めてくる上司もいます。

もちろん、大切なお客様をほったらかしにしていてはいけません。

しかし、その言葉どおりにすべてのお客様に対して同様の活動をしていても、なかなか成果にはつながりません。

厳しいようですが、「すべてをやります」というのは、「すべてをやりません」と言っていることと一緒です。

「頑張っています」ということをポーズとしてアピールすることにはなりますが、成果にはつながらないのです。

あなたも本当に成果を出して、お客様と会社に貢献したいなら、勇気をもって大切なお客様に活動を集中させてください。

2

意思決定の関係者への目配りを忘れない

意思決定の関係者は平均で何人？

法人のお客様は組織で仕事をするので、意思決定には何人もの関係者がかかわることになります。

実際、法人営業において、企業の購買意思決定にかかわる平均人数は5・6人という調査結果があります（米CEB、2011年）。

これは私の感覚からいっても、妥当な数字だと思います。

担当者、上司、決裁者、使う人、購買担当者……。

これだけでも、すでに5人になります。

このほかにも関連他部署や外注業者などを入れると、企業が購買を決定する際には、本当に多くの方がかかわっていることがわかります。

と同時に、この意思決定にかかわる方たちは、それぞれの立場での仕事が失敗なく行われることが求められます。

なぜなら、法人のお客様が購入する際には金額が大きいうえに、一度採用すると継続するケースが多いため、失敗したときのダメージが大きいからです。

そんなことから、意思決定にかかわる方がリスクに敏感になり、採用する際に慎重になるのも無理はありません。

したがって、新規に採用していただくためには、この意思決定にかかわる方たちから積極的にYESをとり、NOをなくすことが必要になります。

実際のところ、どこからNOが飛んでくるかわかりません。

そのため、意思決定にかかわりそうな方には片っ端から面識をもつようにしたうえで、NOと言うリスクのある方には**「しっかりとサポートをします」**と伝えておくことがきわめて大切になるのです。

◻キーマンのOKだけで安心したことで失注に

私は入社2年目のときに、初めて1人で1000万円の商談を任せてもらいました。

競合を使っているお客様からの切替商談でした。

そのときのキーマンは背の高い、ひげを生やした強面の生産技術部のA部長でした。

社員の方に聞いても、

「A部長がYESと言えばYESになり、NOと言えばNOになる」

と言われるような、誰がどう見てもキーマンとしか感じられない方でした。

好奇心の強い私は、A部長に近づき、懐に入りました。

すると、A部長がそのときに採用していた競合の対応に不満をもっていることがわかったのです。

A部長は、1000万円のシステムをそれまでの競合から切り替えて、私に発注するという商談を進めてくださいました。

当然、私も大張り切り。

技術部門からもサポートをしてもらい、サービスや金額も折り合いをつけ、A部長から発注の内示をいただきました。

嬉しかったです。

入社2年目で1000万円の新規商談の獲得です。

上司や協力してくれた先輩なども喜んでくれました。

ところが——。

明日、注文が入ると決まっていた、その前日にA部長から、

「申し訳ない。発注できない」

との連絡が来たのです。

確実に受注したと思っていたところが、絵に描いたようなどんでん返し。

聞くと、今まで使っていたものを切り替えることによるメリットよりもデメリットのほうが大きいとのこと。

大変ショックでしたが、私はギリギリまで調整しながら、いったん採用を決めてくださったA部長には感謝の気持ちでいっぱいでした。

「この超キーマンのA部長に、ここまで新規採用を本気で進めていただいて、それでもダメだったのだからしかたがない。営業としても私はやりきった。この結果はしかたがないんだ」

と思いました。

けれども、私の上司はそのとき、会社の担当役員からものすごい剣幕で怒られたのです。

「君がしっかりサポートせずに、入社2年目の人間に任せたからこうなったんだ！」

と。

私としては、上司からこの仕事を任せてもらえたことを意気に感じて頑張っていたので、申し訳ない気持ちしかありません。

そして、ここまでやりきってダメだったことを怒っている担当役員に、理不尽さを感じました。

そのあと、上司に連れられてすぐにA部長のところに飛んで行き、頭を下げて再度お願いしましたがダメでした。

そうさせている上司に申し訳なく思いましたし、A部長を困らせていることにも私は悪い気がしました。

先にもお話ししたように、入社2年目の私は、

「営業としてやりきった。これはしかたがない」

と思っていました。

しかし、今ならわかります。

担当役員が怒ったのも当然だと。

1つは、私がキーマンであるA部長だけを向いて営業をしていたこと。

もう1つは、上司が入社2年目の私にそのような営業活動をさせて、任せきりだったこと。


A部長の周りには意思決定に関係している方がたくさんいたはずです。

それを導入する部下の方も、使うオペレーターも、保全をする人も、外注も、購買も、さらにはA部長にも上司がいたはずです。

多くの意思決定にかかわる方の状況を、営業マンの私としては常に気にかけながら動かなければいけなかったのです。

その意味では、この失注は、「やりきったんだからしかたがない」というものではありません。

むしろ、やれていなかったことだらけです。

こうなってしまったのは、必然だったのです。

3

「評価者（課長・部長）」にアプローチするときの注意点

■協力者と親しいがゆえにやってしまいがちな過ち

これまでに何度かお話ししていますが、**「評価者」とは決裁者に一番近い方**のことであり、たいていの場合、その役割は部長や課長が担っています。

決裁者は、この評価者の意見に左右されることが多いので、意思決定に際しては非常に重要な役割を果たしていると言っていいでしょう。

基本的に商談は協力者と進めるのですが、この評価者である部長や課長からの採用の意思決定をもらうことが、商談の大きな1つのゴールになります。

そのためにも、協力者のストーリーに乗る形で支援して、上司である評価者も巻き込んでいきましょう。

まれにですが、協力者によっては上司をないがしろにしている方がいます。

力のある協力者は自信があるため、上司との人間関係を重要視していないことがあるのです。

もちろん、だからといって、あなたも同じように協力者の上司である評価者をないがしろにしてはいけません。

そんなことをしているようでは、いざ具体的に導入に向けて動こうというときにアプローチしても、評価者から、

「私はそんなこと聞いていません」

と言われてしまうのがオチです。

そんなときは、あなたが気をつかって間をとりもたなければなりません。

具体的には、商談を進めているときに、あなたが評価者の方と定期的に面談をして、協力者との検討の進み具合を報告するのです。

そうすれば、商談の進捗状況をわかってもらえるうえに、評価者からのあなたへの信頼も増します。

回自分の上司を活用する

あなたの上司を連れて行って、評価者との信頼関係を築くのも効果的です。

評価者は手厳しい面があります。

ときには高い要望をつきつけられ、競合と比較されて低い評価を受けることもあるでしょう。

とはいえ、評価者を避けて商談しようとしたら、その先に進むことはできません。

では、どうすればいいのでしょう？

そう、そんなときこそ、あなたの上司に頑張ってもらうのです。

上司の協力を得ながら、社内のリソースを総動員して、評価者に認めていただけるように取り組んでいきましょう。

要望に対して、必ずしも完全にクリアできるとはかぎりません。

しかし、それでかまわないのです。

完全な商品やサービスはありません。

そして、それは競合の商品・サービスについても言えるのです。

評価者の要望に会社をあげて食らいついて、ベストの対応をしていく――。

その姿勢は、必ず評価者に伝わります。

この取り組み姿勢が、やがて評価者を強力な味方に変えていくのです。

▣「評価者の反乱」に気をつける

何度もお伝えしているように、評価者というのは非常に重要な仕事をされており、力も強いです。

したがって、評価者には万全の対応をする必要があります。

とくに評価者を飛び越して、決裁者にアプローチしてしまった場合などは、最悪の事態になるので注意が必要です。

「私は聞いていない」「私は承知していない」という具合に、せっかく進んでいる商談に対して反対派になってしまうのです。

これを **「評価者の反乱」** と言う人もいます。

たしかに、「決裁者を狙って商談しろ」という指示が出される場合もあるかもしれません。

しかし、それを真に受けて行動すると、たいていの場合、上記のような事態を招いてしまいます。

常に評価者のことを尊重した対応を心がけましょう。

■クビになるかと思った私の大失敗

私には苦い経験があります。

私が営業部長をしているときに、売上高1兆円近くの大企業のお客様に対して、競合から切り替えて数億円の売上げになる商談を進めていました。

そして、その商談をさらに進めるために、社長同士の面談をセッティングしたのですが、そこで評価者の反乱が起こったのです。

お客様の会社の役員が何名もそろっているなかで、私の会社の担当役員から、相手の会社の社長にプレゼンが行われました。

すると、その最中に、相手側の役員の1人から、

「そんなこと、できるわけがない」

と大きな声で反対されてしまったのです。

その方は、技術担当の役員でした。

その商談において、まさに「評価者」の立場の方です。

にもかかわらず、提案内容を事前にその方の耳に入れず、頭越しに社長にプレゼン

したことで、その方の顔をつぶしてしまったのです。

双方の社長が参加している面談の席で、役員同士の「できる」「できない」論議になり、大もめにもめました。

最終的には双方の社長が間に入り、「まあ、まあ」ということでその場は収まったものの、残念ながら商談自体は消えてしまいました。

その商談と面談のセッティングの責任者は、営業部長である私です。

このことでクビになるのではないかと、肝を冷やしたものです。

幸いなことに、この件では上層部からきついお叱りを受けただけですんだのですが、大いに反省した私は、その後、**お客様のトップと面談する際には、同席される方々に事前に挨拶をして、内容を伝えておく**ことをルール化しました。

繰り返しになりますが、評価者というのは、意思決定をするうえで、とても重要な役割を果たしています。

だからこそ、評価者をないがしろにするようなことは絶対にしてはいけない――。

これは、採用を勝ち取るためにも本当に重要なポイントなのです。

4

決裁者にアプローチするときの注意点

これができれば仕事がグンとやりやすくなる

前の項目で、「評価者をないがしろにしてはいけない」とお伝えしましたが、もちろん、決裁者にアプローチすることも大切です。

たとえば私が営業マネジャーとして、いつもトップ面談に同席していたり、直接、お客様の会社の経営者や事業部長に面談できる関係にある場合、「お客様は私を今まで以上に大切に対応してくださっているな」と感じることがあります。

その背景には、お客様の会社の経営層から大切にしていただいている私だからという一面もあると思います。

こうなると、その後、営業担当も仕事がしやすくなります。

やはりお客様の会社のトップとの関係を強化すると、組織としての信頼関係が強く

なります。

と同時に、こちらの営業活動に対して好意的に対応していただけるようになるのです。

◘トップと面談するときの3つのポイント

お客様の会社のトップと会う――。

これには大きなメリットがある反面、リスクもあります。

かえって状況を悪くする場合もあるので、お客様の会社のトップに面談を求めるときは、慎重に進めましょう。

①ふだん会っている協力者の感情を考える

商談の最後の仕上げとして、決裁をもらうためのストーリーを協力者とつくったうえでのトップ面談なら最高です。

しかし、これが唐突に「お客様の会社のトップと面談させてください」となってしまった場合は、話が変わってきます。

協力者から嫌がられることがあるのです。

なぜなら、その面談の後、どんな指示がそのトップから飛んでくるかわからないからです。

その場合、「私を忙しくさせないでくれ」「よけいなことをしないでほしい」という思いをもたれます。

トップと面談することが、このようにふだん対応していただいている協力者の感情を害する場合は、まだトップとの面談を行うタイミングではないということです。

では、それでもトップと面談をすることになった場合はどうすればいいのか？

最大限配慮しなければいけないのは、協力者の感情です。

具体的には、トップに対して、協力者に日ごろからお世話になっていることへのお礼の気持ちを伝えるのです。

あくまでも、今後の商談をスムーズに進めることを大きな目的として面談することが大切です。

②評価者を通して面談するか、評価者に同席してもらう

お客様の会社のトップと会う場合は、**評価者に報告したうえで面談する**ことが基本です。

評価者経由でトップとアポがとれれば、なおいいでしょう。

また、トップとの面談時にどんな話をしたのか、面談後にその報告もさせていただくことを伝えると、評価者にも安心してもらえます。

さらに望ましいのは、**評価者に同席をお願いする**ことです。

このように、いい形で評価者を巻き込んでいくことが、商談をうまく進めるうえでは大きなポイントになります。

③トップに売り込まない

トップとの面談をする際にありがちなのが、**決裁者1点突破の狙いで売り込む**ことです。

残念ながら、このやり方だとほぼ失敗します。

売手側である営業マンは、「トップは決裁者の立場だから、費用対効果があるなら採用の判断をしていただけるだろう」と思っています。

だから、担当者レベルでの商談がなかなか進まないときに、決裁者に直接アプローチすることを考えます。

しかし、これはいい結果を生みません。

かりにトップと面談ができて売り込んだとしても、たいていの場合は、

「＊＊はどう言っていますか？」

と、検討をする立場の部下の方の反応を聞いてきて、そこで話がストップ。

もしくは、

「この件は＊＊が担当となっています。彼に言っておきますので、連絡してやりとりしてください」

などと返されてしまうことでしょう。

営業マンとしては、「決裁者なんだから、決裁から逃げずに決めてくださいよ」と考えたくなるところかもしれません。

しかし、これは営業側の思い込みであり、決裁者への甘えにすぎません。

決裁者は、自身で検討を重ね、判断をする立場の方ではありません。

検討されてきた部下の案に対して、ＹＥＳ、ＮＯの判断をする方です。

部下の仕事をとってしまうようなことは、決してしないのです。

回決裁者の本音はこんなところにある

決裁者は採用するかしないかを判断するにあたって、何を重視しているのか？

先にも紹介した米ＣＥＢの調査（２０１１年）によると、第１位が**「自社の幅広い支持を得ている」**となっています。

決裁者は社内のコンセンサスを一番重要視するということですね。

実際に、私が懇意にさせていただいている決裁者に本音をお聞きしたときに、**「私に直接売り込まれるのは困るんです」**と言われたことがあります。

採用をするかどうかについてはさまざまな人がかかわっていて、検討するのはその人たちの仕事だからです。

決裁者の多くは、次のように言われます。

「私が決めたら、『これを採用するから』と私から部下に説明しなければなりません。なぜ、私がそれをしなければいけないのですか？　だから、私に直接売り込むのはやめてください」

これが本音なのです。

しかも、何度もお話ししているように、決裁者に直接売り込むことは、評価者の頭越しに行動することであり、評価者の反乱を招くことにもなります。

トップとの面談は、当日のプレゼン内容を評価者に十分説明して、同席していただくように根回ししてから実施する——。

これが大原則です。

そのうえで、トップとの面談においては、

「現在、このような提案をさせていただいております」

という報告と、

「よろしければ意見やアドバイスをお聞かせください」

とお願いする場にするのです。

採用部門で前向きに検討が進められていることをアピールできれば、それが面談の一番の効果になることでしょう。

5 決裁への「最後の壁」をどう乗り越えるか？

◻責任の押しつけ合いを未然に防ぐ方法

商談の最終局面――。

いよいよ採用を決定してもらおうというときに、**お客様の会社の内部で意思決定を押しつけ合い、責任の所在が不明確になる**ことがあります。

大きな切り替えや新規の採用の場合、決定する立場の方の腰が引けてしまう場合があるのです。

検討段階では、「いいね、いいね」と採用の準備を進めていたとしても、いざ「では決めてください」となったときに、自分が決めるということを避けたくなるのでしょう。

たとえば、部長に採用の決定をしてもらおうと進めてきた提案が、最後の段階で、

「それは課長が決めて私のところに話をもってくるように言ってある。課長はどう言っている？」

と聞き返されたりします。

そこで課長にその旨を伝えると、

「それは部長が決めることです。なぜ、私が決めなければいけないのですか？」

との返事。

この状態が続けば、時間切れで採用には至らず、競合の商品が継続して採用されるということになります。

これを回避するには、**決裁者が決裁せざるを得ない状況にする**ことが必要です。

具体的には、

「関係者全員に提案の了承をもらってきました」

という既成事実をつくってしまうのです。

そうすれば、責任の押しつけ合いは起こらなくなります。

また、**導入した際の失敗に対する懸念を払しょくしてしまう**ことも重要です。

心配しそうな人、反対しそうな人をピックアップして、全員に「採用せざるを得ない提案書」をもとにプレゼンしていきます。

全員がＹＥＳでなくてもかまいません。

最低限、誰もがＮＯではない状態にまでもっていくのです。

□決断をたらい回しにされたときの動き方

商談の大詰めでは、

「意思決定にかかわる方のなかで、誰かに伝えもれていないか？」


と慎重になる必要があります。

たとえば私の場合、16億円の新規採用をしていただいた商談のときには、20回以上、「採用せざるを得ない提案書」をプレゼンしに回りました。

「この人がかかわっているかもしれない」

という情報を得たら飛んで行きました。

そして、「採用せざるを得ない提案書」をもとにプレゼンをして、少なくともＮＯをなくしていきます。

もれがないようにするため、関係しそうな方のリストを慎重につくり、プレゼンを

しに行っては、

「この方の了承はもらえた」

と1つひとつ塗りつぶしていきました。

ところが――。

この商談のときも、提案書をつくるところまで非常に協力的だった、決裁者である事業部長が、最後になって判断をあいまいにされたのです。

「よい提案をつくってくれて、ありがとうございました。私はどちらでもいいと思っています」と。

「それでは御社を採用します」

と言ってもらうためにつくり込んできた提案書。

それなのに、

「私はOKですが、採用するかどうかは現場に任せます」

となったのです。

今考えれば、こうなったのも理解できます。

このときのような大がかりな変更を行って、組織的に実行するためには、**実際に推**

進する人たちの納得性が必要だということを。

先にもお話ししたように、新しい商品やサービスを導入しようと決心される方は、社内のコンセンサスを一番重要視されるのです。

従来採用していた競合から切り替えて、私たちを新規で採用しようと主張する人も、自分がすべてのリスクを負うことができないため推進力が小さくなります。

むしろ、「慣れている従来どおりのものを使いたい」という人たちの意見が通り、新規では採用されないという結果にもなりかねません。

「ここが勝負どころだ」

そう考えた私は、あらためて採用部門と業務上関係のある他部署のマネジャーや、他部署や協力会社のなかでも、少しでもこの変更で影響を受けそうな方を探しては、「採用せざるを得ない提案書」のプレゼンに回りました。

提案書のなかで約束した「お客様に対する教育」も始めましたし、導入する際の仕様をつくるための技術サポートにも、私の会社の社員を張りつけました。

こうして私は、採用していただく前提で、すべての関係者に対して動きました。

その結果が、私たちを採用することが関係者のなかで既成事実となって、無事に決裁をしていただくことにつながったのです。

まさに点から線、線から面へと活動を広げたという感じです。

波を起こしたと言ってもいいかもしれません。

私は部下に、

「商談とは水を張った洗面器に顔をつけたときに、最後まで顔をあげなかった者が勝つ」

という表現で指導していました。

途中で顔をあげたら負けです。

勝つか負けるかは、最後の最後、０・１％の粘りで決まります。

いずれにしても、このときの一連の流れは、本当に緊張する活動であり、「これぞ営業の醍醐味」ということを教えてくれた貴重な体験でした。

6 反対の立場の関係者からNOを取り除く

必ずしもYESまではいかなくてもOK

当然のことですが、意思決定をする関係者のなかには、新規採用に反対の立場をとられる方もいらっしゃいます。

いくら提案が経営視点で採用せざるを得ない内容であっても、とくに決裁者が決心に腰が引けている状態のときに反対の立場の方がいると、採用していただくことが難しくなります。

裏を返せば、YESの人たちばかりと商談を進めていて、NOの人を避けていたら、最後にその人たちの反対によって不採用になってしまうということ。

ですから、営業としては、何はともあれ反対の立場の方からNOを取り除いていくことが大切です。

そのための方法は、反対の立場の方に商談の早い段階から「採用せざるを得ない提案書」をプレゼンしておくことです。

そうすることで、かりに提案に積極的なYESはもらえなかったとしても、「NOではない」という了承を得ることができます。

なぜならば、それは会社の経営方針（WHY）を解決する提案書になっているからです。

部分的にはその方にとって反対の立場をとらざるを得ない内容が含まれていたとしても、この提案自体を拒否することはできません。

この提案を拒否するということは、自分の会社の経営を拒否することになるからです。

したがって、その方については、

「導入に不都合な部分もあるが、提案全体には賛成です」

と思っていただければ成功です。

それほどに、会社の根本課題の解決を提案している「採用せざるを得ない提案書」の威力は大きいのです。

繰り返しになりますが、反対の立場をとる方を避けてはいけません。

そういう方に近づかなければ、理解も進まないのです。

それどころか、さらに感情的に距離が開くことになって、強い反発となって採用されない方向に進みます。

新規採用に伴い、自分の仕事に影響することで反対しそうな方を入念にピックアップして、NOを取り除くために積極的にコンタクトをとっていく――。

そして、少なくともNOを言う人をなくすことで、全員が了承しているという既成事実をつくってしまうのです。

これは、新規採用を実現するためにも、必ずやっておくべきことだと心得ておいてください。

7

実際の使用者を押さえる

回 現場の意見はこんなに強い

法人営業では、採用を決める導入部門の人と、実際に使用する部門の人が別のケースが多々あります。

そして、この使用する人たちが反対するようだと、採用されることが難しくなります。

実際に使用する部門や使用する人にとっては、新しい仕事が増えることになったり、今までと方法が変わってしまうために新たな知識や操作を覚えてもらう必要が出てくることがあります。

当然ながら、その変化が現場にとってあまりにも大きな負担になるときには、反対されることになるわけです。

そしてその際、導入部門は現場の反対を抑え込んでまで、新たに採用を決定しようとはしないことが通常です。

つまり、**使用現場にとっての使い勝手のよさが、採用されるかどうかを決める際の重要ポイントになる**ということなのです。

ときには、導入を検討している部門から、

「現場で使う人の了承をもらってきてください」

という要望が出てくることさえあります。

したがって、導入部門だけを見ながら商談を進めるのではなく、常に実際の使い勝手のことも念頭に置いておく必要があります。

具体的には、商談の最後に使用現場の方たちに納得していただくのではなく、使用現場の方たちの意見も取り入れながら提案をつくり込んでいきましょう。

現場の方の意見を取り入れることによって、彼らを味方にしてしまうのです。

現場が喜んでくれる提案は、きっと採用を決める導入部門も喜んで受け入れてくれることでしょう。

◻現場を制した者が営業を制する

あらためてお話しするまでもないことですが、現場を大切にするというのは、法人営業の基本中の基本です。

とはいうものの、採用を決めてほしいばかりに、どうしても導入部門にばかりアプローチをして、実際に使っていただく現場をないがしろにしてしまうこともあるでしょう。

しかし、そんなときこそ、現場を大事にしてほしいのです。

実際、そうしていると、現場から導入部門に対して**「採用してほしい」**とリクエストが行くことがあります。

私も一営業マンのときは現場に足しげく通っていました。

そして、そこから商談のヒントやチャンスをいただいたことは何度もありました。

実際に使用する現場を制する――。

そんな営業マンが、採用を勝ち取ることができるのです。

8 外注先へのサポートを万全にすることでNOをなくす

導入当初の手間や負担は意外なほど大きい

採用に至るプロセスにおいては、お客様の会社の**外注先や協力会社**も押さえておかなければいけません。

新しい商品やサービスを導入するということは、手間や新しく覚えることが増えることを意味します。

外注先にとっては、導入当初は時間もコストも増えるため、変更を嫌がられることにもなりかねません。

したがって、営業マンとしては外注先もしっかり押さえることが必要です。

では、具体的にはどうすればいいのでしょう?

まずは、「採用せざるを得ない提案書」の内容を説明したうえで、お客様の会社が新規に採用することを決心していることを伝えます。

その決心にNOを言うことは、お客様の会社の経営にNOを言うことになります。

外注先も、

「お客様からの注文は継続していただきたい」

と思っているため、その方針には従ってくれるはずです。

一方で、やはり外注先にとっても不安な部分があるので、それをお聞きしたうえで**サポートの提案をする**ことが大切です。

具体的には、説明会や勉強会の開催、技術サポートや納期対応などです。

そのような手順をしっかりと踏んでいけば、きっと外注先もあなたの味方になってくれます。

お客様の会社にとって、外注先や協力会社というのは、欠かすことのできないパートナーです。

その意味でも、外注先や協力会社からもしっかりYESをとっていきましょう。

9 決裁は遅れるものと心得る

決裁者には決裁者なりの事情がある

決裁をいただくことに関して、大きな注意点があります。

それは、決裁は遅れるものである、ということです。

私のこれまでの経験からすると、決裁者はなかなか決裁をしないという傾向があります。

決裁が下りると、いよいよ発注ということになります。

ですからお客様の会社の担当者も私たちも心待ちにしているのですが、放置されたようにいつまでも決裁されないことがよく起こるのです。

法人営業の場合、当然金額も影響も大きいので、決裁者は慎重に判断します。

急いで決裁するということはありません。

疑問点や納得できないことがあれば、決裁の申請に対して慎重にあれこれと質問をしてきます。

こうなると、なかなか話が進みません。

実際のところ、このキャッチボールをしている間に、元々発注してもらいたかった時期を過ぎてしまうことも何度かありました。

では、このような事態を招かないためには、どうすればいいのでしょうか？

まずは、決裁が下りるまでに予想外に時間がかかってしまうことを前提に、決裁者に対してできるだけ早く申請してもらうようにする、ということです。

そのためにも、お客様にも協力してもらい、商談をスピーディーに進めるようにしましょう。

「決裁は遅れるものだ」ということをあらかじめ織り込んで、しっかり計画を立てて早めに動くしかないのです。

回 土壇場のキャンセルを避けるためにやっておくこと

早めに決裁してもらいたい大きな理由は、ほかにもあります。

それは、決裁が長引いている間に、お客様の会社にもっと重要な経営課題が出てき

て、投資の優先順位が入れ替わることがあるためです。

予定はしていたものの、予算を使えない状況が出てきて、結果としてキャンセルになってしまうというケースですね。

そんなことにならないためにも、決裁に回されたら、状況をいつも確認しながら、早く決裁してもらえるように依頼し続けましょう。

とはいえ、個人向けの営業のように即決とはいかないのが法人営業です。組織で検討するものなので、決裁されるまでには時間がかかることが前提になります。

そのことを踏まえたうえで、決裁者に稟議が回る商談の最後の場面では、早く決裁してもらうために緊張感をもって集中しましょう。

そして、決裁が下りたら即発注してもらいましょう。

それこそが、営業であるあなたの大切な仕事なのです。

10
注文をしてもらう条件を整える

回営業の仕事の最終的な目的とは何か？

さて、ここまでお話ししてきたような商談の進め方をすれば、よほどのことがないかぎり、新規で採用していただけます。

しかも、お客様に対しては価格の面において問題のない形で決着させることができます。

なぜなら、競合と値引き合戦をしながら勝ち取った商談ではないからです。

そもそも価格が採用の決定打となっているわけではありませんからね。

実際、このような商談の進め方の場合、価格については終盤になって調整に入ることになります。

この段階では、お客様も採用するという方向性が出ているので、強引な価格交渉には入ってこられません。

もちろん、

「採用できないほど高くならないように」

という確認であったり、

「従来採用していた商品と同等レベルの価格でないと採用できない」

といった条件が商談途中で入ってきたりはします。

あまりにもつっぱねてしまうと、お客様の会社の採用部門において金額の規定があった場合に発注されなくなると困るので、その条件だけは整える必要があります。

しかし、最初から安値を提示して受注してはいけません。

なぜなら、あなたは利益を上げなければならないからです。

それが営業の仕事だからです。

利益を上げることは経営の責任であり、営業はその経営に責任を負っているのです。

利益を上げることは正義。

利益こそが会社の経営を成り立たせ、社員やその家族、協力会社で働く方たちの生活を支えます。

「だからこそ、安易な安値販売は悪である」

私は、そう思って営業をしてきました。

ここに至るまで、必死になって取り組んできた営業活動です。

そして、そのかいあって新規に採用していただくことになったのです。

安値販売をする必要はありません。

お客様が発注できる範囲で、高値での契約をしてください。

そうしたからといって、お客様への背任にはなりません。

お客様はそれだけの金額を出してでも、あなたの提案を採用しようとしてくださっているのです。

そして、それだけの価値を認めていただいているということなのです。

自信をもって、商談の最後に臨んでください。

結果は、必ずついてくるはずです。

第６章

しっかりとしたアフターフォローでお客様との関係を盤石にする

お客様からの受注はゴールではありません。

あくまでもスタート地点です。実際の勝負は、受注した瞬間から始まります。

法人のお客様との取引では、長期的な関係を築くことが前提となります。もっと言うならば、新規のお客様を獲得し、それからも長期的な取引を続けることが、営業活動の目標です。

一度お客様に採用していただいた後も、満足して利用していただき続けることが重要です。

この章では、そのためにやっておくべき具体的な活動や取り組みについて解説していきます。

1 お客様との関係は受注してからが勝負

■納期に間に合いそうもないときにどうするか？

お客様から無事に受注できた——。

その際、まずやるべきなのは「納期」に間に合わせることです。

決められた時期に納入して、お客様が使える状態にする必要があるということですね。

納期が守れないということは、お客様の事業機会を損失させることになります。

たとえば納期が2カ月遅れるというのは、お客様が2カ月分の売上機会を失ったということ。

納期が守れないことによって、お客様の事業開始の予定を遅らせるわけにはいかないのです。

もちろん、ときには決裁がなかなか下りずに発注が予定より遅れることもあるでしょう。

しかし、元々の計画はそのままで、納期もそのままのことが多いもの。

だからといって、正式に発注してもらわないかぎり、先行して部材の発注をしたり、制作に入ることはできません。

このように発注時期が遅れると、納期に関してお客様の期待に応えることが大変難しくなります。

たしかに、もともと希望していた納期を守れることがベストです。

けれども、それがどうしても無理な場合は、お客様と十分に意思疎通し、納期の見込みと、遅れるリスクがあるならそのことも共有し、協力して早期の納入と立ち上げに取り組んでいきましょう。

その姿勢は、きっとお客様からの信頼につながるはずです。

回導入初期には、ここに注意

また、商品やサービスの導入初期はトラブルが起こりがちです。

とくに新規採用をしていただいた場合の導入初期は、思わぬトラブルがあると思っておいたほうが無難です。

私が経験した一番大きなトラブルでは、解決までに1年かかりました（もちろん、解決までにもっと時間がかかるトラブルもあるでしょう）。

このときは、お客様の会社の新製品の発売が遅れるかもしれないというほどの大問題。

その1年間は、このトラブル対応が営業マネジャーであった私のメインの仕事でしたが、このピンチを乗り越えることで、お客様との信頼関係がより強固になり、その後の継続採用の基礎になりました。

たしかに、このようなトラブルは起こさないようにするのが大原則です。

しかし、規模が大きい商品やサービスの導入に関しては、予測しきれない問題が発生することも多々あります。

では、それでお客様との取引が終わるのかというと、そうではありません。

トラブルへの対応のやり方しだいでは、お客様との関係がいっそう強まるのです。

トラブルが起きた場合、お客様からは当然厳しい対応を求められますが、お客様も自社の問題なので、必死になって解決しようとします。

それに対して、こちらも必死になって対応する――。

この協力体制が、お客様と自社との結びつきをさらに強くします。

最後まできちんと対応したということで、信頼関係がいちだんと強くなるのです。

また、この対応の過程で、お客様にもノウハウがたまります。

さらには、手塩にかけたということで、導入した商品やサービスに愛着もわいてきます。

その結果、継続して採用していただくことができる――。

まさに、これこそが理想的な流れ。

その意味でも、導入初期にはトラブルがあるものだと思って、徹底的に対応しましょう。

これはお客様との関係性を強化し、今後も継続して採用していただくために乗り越えるチャンスだととらえるのです。

2

クレームへの対応しだいでリピート率は劇的に上がる

◘新車なのに数カ月で5カ所の不具合が発生

トラブルやクレームが起きたときの対応がいかに大切か？

このことについて、もう少し話を続けたいと思います。


私の経験ですが、数年前にドイツの新車を購入したことがあります。

新車種が発売されてすぐの購入でしたから、とても期待していたのですが、納車初日からリアのワイパーが作動しないという不具合がありました。

「納車早々で、こんなことがあるのか？」

少々納得のいかない気持ちながらも、さっそく対応してもらいました。

しかし、話はそれでは終わりません。

なんと、それから数カ月の間に5カ所の不具合が発生して、そのつど修理してもらうことになったのです。

しかも、最後は交差点でエンジンが停止するほどの不具合でした。不具合が連発したときには、さすがに嫌気がさして、「返品させてください」とまで言ったのですが、対応してもらえませんでした。

「購入した製品に瑕疵《かし》（キズや不具合などの欠陥）があった場合は、5年以内は無償で修理する」という契約で、返品についての規定はなかったためです。

ちなみに5カ所も不具合が発生した後は、さすがにもう何も不具合は発生しなくなりました。

その際、私はどう思ったでしょう？

答えは、「寂しい」です。

しょっちゅうディーラーに修理にもち込んでいたものが、何も起こらなくなったことで、ディーラーの営業マンと会う機会がなくなったためです。

ディーラーの営業マンは、不具合が出るたびに申し訳なさそうにしていてかわいそうでしたが、最後には、私がその営業マンを励ましてあげていました。

そもそも、車の不具合については営業マンが悪いわけではありません。

ですから、あるときからは、しっかり対応してくれたことに感謝をしていました。

そして、営業マンにも車にも愛着を感じてきた私は、結果的にその車に長く乗ることになったのです。

回クレームが来たら「勝負のときが来た」と思え

これは、私がしていた営業でも同じことが言えます。

「苦情処理に満足した顧客の再購入率は、不満をもちながら苦情を言わない顧客のそれに比較して高い」

というアメリカの調査結果もあります（グッドマンの法則）。

このように、一般的なマーケティングの原則としても、クレーム対応がよかった場合に継続率が高まるということが起こります。

実際、納入した商品やサービスに不具合が発生した場合は、しっかりした対応をすることを通じて、顧客満足度を高め、リピート購買や顧客ロイヤルティを向上させるいい機会となります。

その意味でも、クレームには真摯に向き合い、解決に向けて誠実に対応していきましょう。

そして、お客様の感情や事情に理解を示し、誠実な態度で接しましょう。

そのプロセスでは、あなただけでなく、お客様にも苦労をさせてしまうことになるかもしれません。

しかし、最終的にクレームを解決することができれば、お客様はその経験に満足し、それ以前よりも信頼関係が強いものになります。

さらには、その商品やサービスに愛着がわき、継続して採用し続けてもらうことも期待できます。

ぜひ、あなたもお客様のクレームにしっかり対応できる営業マンになってください。

3

お客様は常に「あなたの姿勢」を冷静に見ている

信用をなくすのは、まさに一瞬

まれにではありますが、なかにはトラブルやクレームから逃げてしまう営業マンもいます。

採用してもらうところまではお客様に一生懸命に対応。それが購入していただいたとたん、お客様から距離を置いてしまうという営業マンです。

私の経験上、こうした営業マンは、とくにトラブルが発生する可能性が高くなります。

しかも、お客様からトラブルへの対応の依頼が来ても積極的に対応しないために、大問題に発生する場合もあります。

あるいは、トラブルは営業だけで対応できるケースは少ないので、通常は関連部門に依頼して対応するのですが、関連部門に丸投げするだけで、自分がお客様の矢面に立とうとしない場合もあります。

当然ながら、こういう営業マンは、お客様からの信用を失うことになります。

それだけではありません。

そうした営業マンを雇っているということで、会社自体の信用まで失ってしまうことになるのです。

もちろん、次の採用など見込めなくなるでしょう。

また、こういう対応をしていると、悪い評判が**「口コミ」**で広がることにもなります。

「非好意的な口コミは、好意的な口コミに比較して2倍の強さで販売の足を引っ張る」（グッドマンの法則）とも言われているので、会社にとっては大損害です。

このような無責任な対応をする営業マンは、社内でも信頼を失います。

今後、責任ある仕事を任せてもらえなくなるでしょう。

あなたは、万が一にも、トラブルやクレームから逃げてしまう営業マンにはならないでください。

◘「その後」の状況を定期的に確認する

トラブルやクレームがあったときの対応はもちろんのこと、**何もないときでも定期的に様子をうかがう**ことが営業として大切です。

このちょっとした気配りで、お客様からの信頼や連帯感がいちだんと増して、本当のお得意様になっていきます。

なぜなら、トラブルがあったり、困ったりしたことがあっても、お客様のほうで何とか自力で解決しようとして、連絡をしてこないケースもあるからです。

このような状態を知らずにいると、どうにもならない事態になって連絡が来たときには、すでにリカバリーが難しい大きな問題になっているということにもなりかねません。

商品やサービスを納入したら、お客様から連絡があるまで放置しておくのではなく、こちらから積極的に状況を確認して、サポートに入る――。

それが、採用していただいた営業マンの責任です。

4

担当が交代になったときの引継には細心の注意を払う

前任者以上に誠意を尽くすのが基本

営業マンの異動で別の営業マンが担当者となり、お客様から足が遠のいてしまったことで、また別の競合に切り替えられてしまった——。

こうしたケースは、よくあることです。

新規採用に成功した営業マンというのは、思い入れもあるし、責任感もあるので、その後もお客様に最大のサービスを続けるもの。

お客様にしても、新たな商品やサービスの導入に協力してくれた営業マンなので、その立役者として感謝してくれています。

ただ、こうした場合、お客様と営業マンの結びつきが強いため、どうしても後任の営業マンは気が引けてしまいます。

この本は基本的に新規採用を獲得する方法をお伝えするためのものです。

しかし、あなたも営業活動をしている以上、前任者からお客様を引き継ぐ場合もあるでしょう。

そんなときは、ぜひ**前任者以上の信頼を獲得できるよう、お客様に接していってほしい**と思います。

さて、冒頭でもお話ししたように、担当者が交代することでありがちなのが、後任の営業マンが新規の採用にこぎつけた前任者の成果に興味がなく、そのお客様から遠ざかってしまうことです。

コミュニケーションも少なく、お客様のさらなるニーズを聞くこともありません。

これでは、再び競合に切り替えられてもしかたないですよね。

回後任の営業マンの対応が悪くて再度切り替えられた例

ここで、実際の例を見ることにしましょう。

私が担当のころに競合から切り替えて新規採用をしていただいたお客様のなかで、

また違う競合に切り替わってしまったケースがいくつかあります。

たとえば、私が入社4年目に年間2億円の新規採用をしていただいたA社は、その後競合に切り替えられて、現在は採用されていません。

なぜ、そうなったのか、その経緯をお話しすることにしましょう。

【ケース1】

入社4年目にして大型の商談をまとめることができた私ですが、その翌年に転勤が決まり、同じ部署にいた先輩が新たな担当者になりました。

この先輩は、採用していただいた商品にはあまり詳しくない方でした。

加えて、後輩である私から引き継いだお客様であり、私ほど気持ちが入っていなかったこともあると思います。

当時、そのお客様の会社はどんどん進化をしようとしている時期だったのですが、その要求に十分応えられなかったこともあったのでしょう。

数年後に別の競合に切り替えられてしまったと聞き、非常に残念に思ったものです。

［ケース2］

競合から切り替えて年間2億円の採用をいただいたB社。

このB社も、最終的には競合に切り替えられています。

私が担当していた期間と、異動して担当を外れてからも数年間は継続して採用していただき、非常に大きな売上げを上げさせてもらっていました。

私も思い入れが強いお客様でしたので、切り替えられてしまったことを聞いて、本当に残念でした。

このときの理由は、後任の担当営業マンが、競合から切り替えて採用していただいた商品が**「嫌い」**だったというものです。

私もそのことを知っていたので、この営業マンが後任で担当になると聞いたときはマズイと思ったものです。

案の定、嫌いな商品なので、クレーム対応をおざなりに行い、むしろ「採用していただかなくてけっこう」というような態度をとり続けたために、お客様は元の競合に切り替えてしまったのです。

それを聞いて、私は本当に憤慨しました。

何しろ、自社が販売している商品です。
好き嫌いの問題ではありません。
今考えても、本当に悔しい思いばかりが残る1件でした。

以上、後任の営業マンの対応が悪かったために切り替えとなった2社の例を紹介しました。

信じられないと思われたかもしれませんが、これらは実際に起こったことです。

当たり前のことですが、お客様というのは、担当している営業マン、ひいては会社にとっても本当に大切な存在です。

担当が変更になったとしても、営業部門または会社として、責任をもって対応するのは当然のこと。

たしかに、後任の担当者としては、いろいろと複雑な思いをもつことがあるかもしれません。

しかし、すべてはお客様のためのこと。あなたには、どんなときでも**「お客様ファースト」**の姿勢で臨む営業マンでいてほしいと思います。

◘長年のリピートに慢心して、切り替えられた例

今から30年以上前に、先輩の営業マンが競合から切り替えて、採用していただいた大手企業の例です。

私の会社にとっては、30年にわたって毎年数億円という規模で採用していただき続けた、超重要顧客です。

この企業を担当した後任の営業マンは何名もいます。

私も後任として担当させてもらった営業マンの1人ですし、その後、課長、部長の立場としてもこのお客様にかかわらせてもらいました。

採用していただいたときのお客様の会社の担当者は、その後どんどん出世して役員になられました。

採用を決めた私の先輩も早くに部長になり、お客様との人脈を継続させていました。

振り返ると、このような実力者同士の強固な人脈があることによって、既定路線として私の会社を採用し続けていただいていたとも言えます。

とはいえ、私も何度もかかわってきたのでわかるのですが、年間何億円も採用して

いただくお客様を担当するということは、商談対応や現場対応などといった面で、本当に大変です。

その意味で歴代の担当者は、切り替えに成功した初代の先輩の志を受け継いで、よく採用し続けていただいたと思います。

しかし、ある時期から、私の会社の営業方針が変わり、このお客様に対して営業体制を弱くしたのです。

近年は十分な営業活動ができておらず、新たな提案もできていませんでした。

そして、ついに数年前、競合に切り替えられてしまったのです。

偉大なトップ人脈の影響が薄れてしまったということもあるでしょう。

実際、役員になられたお客様は経営陣となって、現場の意思決定には口を出さなくなりました。

私の先輩も退職しています。

そんな状況のなか、現場の課長と部長の判断で、競合に切り替えられてしまったのです。

当然この方たちも、私の会社とのつき合いが長い方たちですが、私の会社の商品を採用し続けていることに不満や疑問をもっていたようです。

それが積もり積もって、とうとう自分たちで判断できるときになって切り替えの決断をしたというわけです。

この件については、基本的には営業体制を弱くしてしまった私の会社の方針に問題があります。

ただ、この1件を通じて私が思ったのは、長年にわたって採用され続けているということで、**担当の営業マンにもどこか慢心しているところがあったのではないか**、ということです。

長い間、リピートしていただいているお客様——。

そんなお客様こそ、しっかり対応することが大切です。

当たり前のことですが、意外に忘れがちになってしまうので、しっかりと銘記《めいき》しておいてほしいと思います。

5 この姿勢で臨めば、さらに取引を拡大できる

◻ 新規採用だけで終わるのはつまらない

前の項目では、１つの教訓としていただくために、切り替えられてしまった例を紹介しました。

しかし、本来目指しているのは、そんなことではありません。

目指すべきは、お客様に継続して採用していただき続け、さらに取引を拡大していくことです。

ここで、新規に採用していただいた後、さらに取引を拡大した例を紹介します。

［ケース1］

以前、私が競合からの切り替えに成功して、年間１億円の採用になったお客様がいます。

ほどなくして私が転勤になり、新たな営業マンが担当になりました。

すると、その後任営業マンが目覚ましい働きをしたのです。

採用していただいていた商品が得意商品だということもあったのですが、さらにその知識に磨きをかけ、細かくお客様をサポート。

どんな要望に対しても真摯に対応したことで、単に継続していただくのみならず、取引自体をどんどん拡大していったのです。

このお客様からはその後も採用し続けていただき、現在は東証プライムに上場するほどの大企業に成長されています。

後任営業マンがきちんとお客様に対応したことで、成果を拡大させた好例と言えるでしょう。

【ケース2】

第5章で紹介した、1つの工場の1つの溶接部門で、1セットの商品を採用していただいたことから取引が始まったH自動車会社。

このH自動車会社の場合も、私が最初の一穴を開けた後、その後の歴代営業マンの活動によって、取引が飛躍的に拡大しました。

苦労の末、初採用していただいた私ですが、その後、すぐに異動になって担当を引き継ぐことになりました。

すると、後任の営業マンが頑張って、H自動車会社のさまざまな部門の担当を巻き込んで、どんどん採用を拡大していったのです。

具体的には、本社のエンジニアリング部門担当者や、他の主力工場の担当者を巻き込んで、全社的に競合からの切り替えに成功。

私の会社の商品が標準採用されるように動いたのです。

さらには、海外工場へのお客様の投資に対して、私の会社を採用してもらうようにも動きました。

ありがたいことに、最終的には海外の新工場において丸ごと私の会社の商品が採用されるところにまで拡大しました。

繰り返しになりますが、私は1人の営業マンとして、主力工場の1つの溶接部門に蟻の一穴を開けただけです。

それが、後任の営業マンたちによって、初採用していただいたときには考えられないくらいまで取引を拡大することができたのです。

これは5年、10年という取り組みで達成した本当に大きな成果で、歴代の営業マンたちが集まれば、いまでも話が尽きない、絵に描いたような成功の物語です。

前任者からのバトンを引き継いだら、それまで以上にお客様の役に立てるように動いていく——。

その重要性があらためて明らかになった1件でした。


以上、この章では、お客様から発注していただいた後に気をつけるべきこと、すべきことについて解説してきました。

せっかく発注していただいたお客様との関係です。

その後も継続していきたいですよね。

ここでお話ししたことを参考に、ぜひあなたも、お客様からずっとリピートされる営業マンになってください。

おわりに

私があなたに一番伝えたいこと

最後までお読みいただき、ありがとうございました。

私はこれまで、決して順風満帆なサラリーマン生活を送り続けてきたわけではありません。

大きなプレッシャーや不安のなか、苦しい思いや厳しい体験も多くしてきました。

それでも頑張り続けることができたのは、家族の生活を支えるため、子どもたちを育て上げるためでした。

おかげさまで、何とか3人の子どもを育て上げ、社会に送り出すこともできました。

こうしてこられたのも、上司、先輩、同僚、部下、販売店様、そしてお客様に協力していただいたおかげです。本当に感謝しかありません。

現在も、以前の私のようにプレッシャーや不安のなかで働いている営業マンはたくさんいると思います。

私は、心からそういう人たちを応援したいのです。

営業マンに生き生きと働いてもらって、なおかつ成果を出してほしいのです。
そして会社の業績を支え、安心して生活できる幸せな家庭を築くことをお手伝いしたいのです。

私は、この思いを「人生の使命」だと受け止め、それまで支えてくれたオムロンに感謝をしつつ、55歳で早期退職しました。

現在は第2の人生として起業し、コンサルティングや企業研修を通じて、営業マンが成果を出すための支援、経営者や営業マネジャーが強い営業チームをつくるための支援をしています。

私は31年間、法人営業の最前線に立って勝負をし続けてきた実践者です。

営業の世界とは、最後の0・1％で採用されなくなったり、逆に残り0・1％の可能性から逆転採用を勝ち取ることのできる世界です。

そんな勝負の厳しさのなかで営業をしてきた私が、本書では法人のお客様からの採用を勝ち取る方法について、余すところなく書いたつもりです。

私がお話しした実践的な方法は、ＢｔｏＢマーケティングや営業の原理原則を説く書籍や研修では伝えられることはありません。

なぜなら、修羅場をくぐり続けて、勝負をし続けてきた者にしか伝えることができないものだからです。

ですから、あなたには、ぜひ本書に書かれた営業法を実践してほしいと思います。

そうすれば、きっとあなたも成約率99・9％の営業マンになれるものと確信しています。

あなたが会社の業績を支え、家族の幸せを支えてください。

それが、本書を書かせていただいた私の心からの願いです。

最後になりましたが、今回の出版の機会をつくってくださった石川和男先生、刊行まで大変なご苦労とサポートをしてくださった竹下編集長に心から感謝の気持ちをお伝えして、本書を終わりたいと思います。

本当にありがとうございました。

中村昌雄

成約率《せいやくりつ》99.9%の営業法《えいぎょうほう》
「採用せざるを得ない提案書」はこうつくれ!

2023年 7月31日　初版発行

著　者……中村昌雄《なかむらまさお》
発行者……塚田太郎
発行所……株式会社大和出版
東京都文京区音羽1-26-11　〒112-0013
電話　営業部03-5978-8121／編集部03-5978-8131
http://www.daiwashuppan.com
印刷所……誠宏印刷株式会社
製本所……株式会社積信堂

本書の無断転載、複製(コピー、スキャン、デジタル化等)、翻訳を禁じます
乱丁・落丁のものはお取替えいたします
定価はカバーに表示してあります
©Masao Nakamura　2023　Printed in Japan
ISBN978-4-8047-1898-9